CADMOS REITERPRAXIS

Pferdenamen von A bis Z

Bedeutung und
Herkunft

CADMOS REITERPRAXIS

Lesen
Lernen
Wissen

Sibylle Rabeder

Pferdenamen von A bis Z

Bedeutung und Herkunft

Copyright 2007 by Cadmos Verlag GmbH, Brunsbek
Covergestaltung: Ravenstein + Partner, Verden
Lektorat: Brigitte Millán-Ruiz
Titelfoto: Christiane Slawik
Layout und Satz: Ravenstein + Partner, Verden
Innenfotos: Sibylle Rabeder und Peter Ortner, Christiane Slawik
Druck: LVDM, Linz

Printed in Austria

ISBN 978-3-86127-561-9

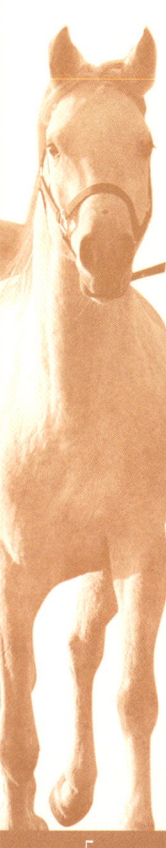

Vorwort

Meteor, Ophelia oder *Jupiter, Star, Blümchen* oder *Zauberfee, Navajo, Ramses* oder *Tequila* – die Welt der Pferdenamen ist vielfältig wie die Pferde selbst. Den Namen seiner ersten behuften Liebe wird wohl keiner vergessen. Während die einen von einem schwarzen Hengst namens *Märchenprinz* träumen, sehen sich andere mit einem *Tornado* durch den Parcours fegen und die Konkurrenz hinter sich lassen. Die Namen, die wir unseren Pferden geben, spiegeln unsere Träume und Erwartungen wider. Sie geben unseren Sehnsüchten eine Form und fassen unsere Zuneigung und Hingabe in ein Wort. Deshalb sollte man ihnen etwas Aufmerksamkeit schenken, lernen wir doch bei ihrer Betrachtung auch etwas über uns selbst: Schließlich zeichnet der selbst gewählte Pferdename unser ganz persönliches Bild von unserem Liebling.

Der richtige Name für mein Pferd

Für einen Menschen bedeutet sein Name vor allem Identität, der Nachname Zugehörigkeit zu seiner Familie. Wir taufen unsere Pferde ebenfalls, um ihre Identität festzulegen, sie auseinanderzuhalten und um ein spezielles Pferd benennen zu können, doch nicht deshalb allein. Würde es nur darum gehen, könnten wir sie auch nach Nummern- oder Buchstabenkombinationen benennen und dann A24 oder N360 auf die Koppel führen. Das ist uns Menschen fremd und daher auch nicht üblich. In unseren Breiten bekommt jedes Pferd einen Namen, egal ob es nun ein wertvolles Turnierpferd ist oder sein Leben im Stillen auf der Weide verbringt. Die meisten Pferde heißen auch nicht schlicht Brauner oder Blesse, sondern tragen überlegt ausgesuchte, schmeichelnde Namen. Diese Tatsache sagt viel über unsere Beziehung zu unseren Pferden aus. Sie sind für uns Haustiere, keine anonymen Nutztiere, sie gehören zur Familie. So ist die Taufe eines Pferdes ein liebevoller Akt, der es an uns Menschen bindet, und gleichzeitig ein Versprechen, dass man für es sorgen und es ein Leben lang hegen und pflegen wird.

Die ausgewählten Namen sind meist strahlend schön und bedeutungsvoll. Wir benennen unsere Pferde nach Göttern, nach sagenhaften Helden und mythischen Wesen. Wir geben ihnen Namen wie *Alegría*, die schmeichelhafte Attribute in sich tragen, wie *Komet* oder *Blitz*, die für Schnelligkeit stehen, stürmische Namen wie *Taifun*, die das verführerisch Unbändige in der Pferdenatur unterstreichen. Wir benennen unsere Stuten nach schönen Königinnen wie *Kleopatra* und *Nofretete*, taufen Hengste nach großen Feldherren wie *Napoleon* und *Cäsar*, geben unseren Pferden Namen, die die Schönheit der Natur widerspiegeln, wie *Sonnentau* oder *Alpenrose*. Wir lieben unsere Pferde und bewundern ihre Stärke, Schnelligkeit, Anmut und Lebensfreude – das alles spiegelt sich in ihren Namen wider.

Darf ich mein Pferd umbenennen?

Da die Taufe eines Pferdes etwas sehr Persönliches, ja beinahe Rituelles ist, erscheint es sinnvoll, wenn der jeweilige Besitzer des Pferdes sie vornimmt. Wer sein Traumpferd selbst züchtet oder ein Jungpferd erwirbt, hat auch häufig die Gelegenheit, seine Wünsche und Zuneigung mit einem selbst gewählten Namen auszudrücken. Die meisten von uns kaufen ihre Pferde aber bereits getauft. So mancher ist mit dem Namen seines neuen Lieblings zufrieden, andere haben weniger Glück. Sie verbinden vielleicht gerade diesen Namen mit etwas Negativem, es gibt im Stall schon drei Pferde gleichen Namens, oder sie empfinden ihn als derart abstoßend, dass er ihnen erst gar nicht über die Lippen kommen will. Ein neuer Name wäre eine wahre Wohltat. Aber darf ich mein Pferd tatsächlich umbenennen?

Die Antwort gleich einmal vorweg: Ja, unbedingt! Wer unglücklich mit dem Namen seines Pferdes ist oder es schlicht selbst taufen will, soll dies auch tun. Hat das Pferd einen vom Züchter sorgfältig ausgewählten Namen und soll auch weiterhin in der Zucht eingesetzt werden, sollte man den Zuchtnamen offiziell beibehalten. Man kann aber durchaus einen neuen Rufnamen wählen, mit dem man das Pferd anspricht und den man im Stall verwendet. Die Angst vieler Pferdebesitzer, sie könnten ihren Vierbeiner durch ein Umtaufen verwirren, ist unbegründet. Die meisten Pferde hören nicht auf ihren Namen und erkennen ihn auch nicht, weil sie nur selten konsequent mit ihm herbeigerufen wurden, einen neuen Namen würden sie gar nicht bemerken. Aber auch wenn ein Pferd gut auf sein „persönliches Wort" reagiert, kann man es mit etwas Üben schnell an ein neues gewöhnen (siehe Kapitel „Wie gewöhne ich mein Pferd an seinen Namen?").

Dem Argument, Umtaufen würde Pech bringen, dem man immer wieder begegnet, möchte ich entschieden entgegentreten. Ich kann dem Leser aus eigener Erfahrung versichern, dass es sich hierbei um reinen Aberglauben handelt, und meine vier alle von mir umgetauften Pferde dagegenhalten. Jedes einzelne von ihnen empfinde ich als großes Glück, Pech haben sie mir ganz und gar nicht gebracht. Wer also seinem Pferd einen anderen Namen geben will, sollte dies auch tun. Selbst wenn man das Pferd schon über Jahre hinweg besitzt und es immer anders gerufen hat, sollte einen dieser Umstand nicht von dem Vorhaben abbringen, wenn man denn mit einem neuen Namen glücklicher wäre. Allerdings wird man schnell feststellen, dass das größere Problem die Menschen im Umfeld sind, die sich im Gegensatz zu Pferden nur sehr langsam an neue Namen gewöhnen. Eine strikte und häufige Benutzung des neuen Namens und eine entsprechende Stallplakette sind neben Zeit das Einzige, was hier hilft.

Wenn Pferde Pseudonyme tragen

Nicht immer ist es mit einem einzigen Namen getan. So manches Pferd trägt auch zwei, drei oder sogar vier verschiedene Namen zur gleichen Zeit. Das gibt es nicht? Dies kommt häufiger vor, als uns bewusst ist. Stellen wir uns vor, wir besäßen einen prachtvollen Welsh-Cob-Hengst. Sein voller Name lautet *Merlins Millennium Falcon*. Für Turniere ist uns dieser Name aber eigentlich zu lang, wir nehmen das Gestütspräfix also weg und lassen ihn als *Millennium Falcon* eintragen. Um sich jedoch mit anderen über ihn zu unterhalten, ist das immer noch zu lang. Wir nennen ihn also im Stall unter Bekannten schlicht *Falcon*. Wenn wir ihn aber in der Box ansprechen, verwenden wir ein ganz anderes Wort, nämlich *Süßer*. Und schon sind wir bei vier Namen. Das ging doch ganz schnell!

Der Zuchtname

Viele Zuchtverbände geben bestimmte Regeln für die Namensvergabe vor, die unbedingt eingehalten werden müssen. Züchtet man selbst, ist es wichtig, diese Bestimmungen zu kennen, die von Rasse zu Rasse sehr unterschiedlich sein können. Aber auch für alle anderen Pferdefreunde ist es interessant, mehr über diese Richtlinien zu wissen, erklären sie doch so manchen in unseren Ohren vielleicht etwas eigenartigen Pferdenamen.

Ein weitverbreitetes Prinzip ist es, den Namen des Fohlens mit demselben Anfangsbuchstaben des Namens eines Elternteils beginnen zu lassen. Meist tragen hierbei Stuten den Buchstaben ihrer Mutter, Hengste jenen des Vaters weiter. Diese Regelung findet sich zum Beispiel bei Reitponys, Oldenburgern und Haflingern. Durch diesen Grundsatz entstehen mit der Zeit Stuten- und

Den Namen, der in den Zuchtpapieren steht, sollte man zumindest offiziell beibehalten. (Foto: Rabeder/Ortner)

Hengstlinien, die an ihren Anfangsbuchstaben zu erkennen sind. So beginnen die Namen von Haflingerhengsten alle ausnahmslos mit A, B, M, N, S, St oder W, je nachdem welchem Hengststamm sie angehören. So können beispielsweise alle Hengste, deren Name mit einem N beginnt, auf die Blutlinie des Zuchthengstes *Nibbio 1920* zurückgeführt werden.

Bei anderen Rassen wie etwa bei Trakehnern erhalten alle Fohlen, egal ob männlich oder weiblich, einen Namen, der mit dem Anfangsbuchstaben des mütterlichen Namens beginnt. Etwas weiter geht eine spanische Tradition, die Stut- und Hengstfohlen den gesamten Namen der Mutter verleiht, wobei jedoch die Namen der Hengste auf o statt auf a enden. Nach diesem System heißen also alle weiblichen Nachkommen einer Zuchtstute namens *Flamenca* ebenfalls *Flamenca* und alle männlichen Nachkommen *Flamenco*, die Unterscheidung ist anhand von nachgestellten Nummern gegeben. Allerdings wird diese Vorgehensweise nur mehr von sehr traditionsbewussten Züchtern gepflegt, sie ist nicht verpflichtend. In spanischen Gestüten weiter verbreitet ist allerdings die ebenfalls nicht bindende Regelung, alle Fohlen eines Jahrgangs mit demselben Anfangsbuchstaben zu taufen. So bekommt die gesamte Nachzucht des ersten Jahres einen Namen mit A, im zweiten Jahr werden alle Fohlen auf Namen mit B getauft und so weiter.

Eine ähnliche Regelung findet sich bei Friesen, wo der Zuchtverband drei bis vier Anfangsbuchstaben pro Jahr vorgibt, mit denen dann alle Fohlen dieses Jahrgangs benannt werden müssen. Eine gemischte Regelung gibt es etwa bei den Holsteinern. Dort erhalten Stuten einen Namen mit dem vom Zuchtverband vorgegebenen Buchstaben des Jahres, der 2007 zum Beispiel das Z ist. Hengste hingegen werden klassisch mit dem Anfangsbuchstaben des Namens ihres Vaters getauft. Gekörte Hengste zu benennen kann etwas schwieriger sein. Bei vielen Rassen darf es jeden Hengstnamen nur einmal geben, was die Auswahl stark einschränkt und dadurch erschwert.

Noch komplizierter ist die Taufe eines Rennpferdes. Hier darf jeder Name weltweit nur ein einziges Mal vorkommen. Dies ist auch der Grund für die vielen seltsamen, teils kaum als solche erkennbaren Namen, denen man auf Rennbahnen begegnet, wie etwa *Aufwiedersehen*, *Schnipp Schnapp* oder *Pot-8-os*.

Besonders einfach ist es hingegen, Lipizzanerhengste zu benennen, ihr Name ergibt sich nämlich von selbst. Der erste Teil des Namens entspricht immer dem Namen des Pferdevaters und somit auch dem Namen des Stammvaters dieser Hengstlinie, also entweder *Maestoso*, *Conversano*, *Pluto*, *Siglavy*, *Neapolitano* oder *Favory*. Der zweite Teil des Namens ergibt sich aus dem Namen der Mutter. Ein Hengst namens *Conversano Europa* ist also ein Sohn des *Conversano* und der Stute *Europa*. Auch bei Lipizzanerstuten gibt es solche Stammlinien, bei der Namensgebung wird allerdings nicht so streng verfahren, weshalb Stuten oft einen eigenständigen Namen und nicht unbedingt jenen der Mutter erhalten.

Eine andere Besonderheit bei Zuchtnamen stellen Suffixe und Präfixe dar. Suffixe sind Gestütsnamen, die dem eigentlichen Pferdenamen angehängt werden. Solche Suffixe findet man beispielsweise bei Islandpferden. Aus dem Namen *Gledis von Hunoldsburg* ist somit herauszulesen, welchem Gestüt diese Stute entstammt. Ein Präfix hat dieselbe Funktion, nur dass der Gestütsname vor dem eigentlichen Namen steht. Diese Regelung findet sich zum Beispiel bei englischen Ponyrassen. Bei meiner Welsh-Cob-Stute *Meisterhof's Mendy* steht *Meisterhof's* also für das Gestüt und *Mendy* ist ihr eigentlicher Name, der auf M lautet, weil ihre Mutter den Namen *Marvel* trug. Solche Prä- und Suffixe können von den Züchtern im jeweiligen Zuchtverband eingetragen werden und sind damit weltweit geschützt.

Bei vielen Rassen werden Zuchtnamen traditionell in der Sprache des Herkunftslandes

Bei der Benennung eines Rassepferdes muss man als solider Züchter auch die Regeln des jeweiligen Zuchtverbandes berücksichtigen. (Foto: Rabeder/Ortner)

Der Turniername

Jeder Reiter, der mit seinem Pferd an einem Turnier, egal welcher Disziplin, teilnehmen möchte, muss es zunächst bei der Deutschen Reiterlichen Vereinigung (FN), in Österreich beim Bundesfachverband für Reiten und Fahren (FENA), registrieren lassen. Für die Eintragung als Turnierpferd ist der Zuchtname theoretisch nicht bindend, dennoch wird er in der Praxis meist weiterverwendet. Wem Individualität wichtig ist, der sollte sich bei der Auswahl des Turniernamens an möglichst außergewöhnliche Namen halten, denn jedes eingetragene Turnierpferd muss einen einzigartigen, eindeutig zuordenbaren Namen tragen. Ist dies nicht gegeben, wird dem Namen eine Nummer angehängt, die bei häufigen Namen schon einmal sehr hoch ausfallen kann. Wirkliche Regeln gibt es bei der Auswahl von Turniernamen keine, aber wer genau aufpasst, kann in den einzelnen Sparten gewisse Tendenzen entdecken. So tragen westerngerittene Pferde meist englischsprachige Namen, während bei Dressurpferden auch französische und vor allem deutsche Namen häufig zu finden sind. Für Springpferde werden gern Namen gewählt, die für Schnelligkeit stehen, wie es zum Beispiel bei *Speedy* oder *Blitz* der Fall ist. Fahrgespanne tragen häufig zusammenpassende Namen, die mit demselben Anfangsbuchstaben beginnen oder dieselben Wortteile in sich tragen wie zum Beispiel die klassischen *Max* und *Moritz*.

Der Stallname

Trägt ein Pferd einen sehr langen und komplizierten Zucht- oder Turniernamen, setzt

der Rasse gewählt, manchmal ist dies vom Zuchtverband auch ausdrücklich gewünscht. So tragen Isländer meist isländische, Friesen friesische, spanische Pferde spanische Namen und Haflinger und deutsche Warmblüter häufig deutschsprachige Namen, welche meist aus zusammengesetzten Hauptwörtern mit schöner Bedeutung bestehen.

sich meist ein kürzerer Stallname durch. Oft besteht er aus einem Teil des offiziellen Namens, er kann aber auch völlig unabhängig gewählt werden. Dies bietet sich vor allem dann an, wenn sich kein schöner Spitzname aus dem Zuchtnamen ableiten lässt. So ist es doch sehr schade, wenn aus der vornehmen *Duchesse* eine *Dutschi* wird und aus dem edlen *Casablanca* ein schlichter *Casi*. In solchen Fällen sollte man den offiziellen Namen komplett beiseitelegen und einen ganz neuen, von ihm völlig unabhängigen Stallnamen wählen. Bei diesem kann man dem eigenen Geschmack freien Lauf lassen und einen Namen aussuchen, mit dem man wirklich rundum zufrieden ist.

Der Rufname

Der Rufname ist der Name, mit dem das Pferd tatsächlich angesprochen wird. Meist wird man dafür den Stallnamen benutzen, doch bei manchen Pferdebesitzern setzt sich ein Kose- oder Spitzname durch. Wer Wert darauf legt, dass das Pferd seinen Namen kennt, sollte es immer mit demselben Namen rufen und nicht einmal mit *Daisy*, beim nächsten Mal mit *Mausi* und dann vielleicht noch mit *Mädi* ansprechen. Man kann, wie wir sehen werden, Pferde zwar sehr gut auf einen neuen Namen trainieren, aber nur wenn dieser über einen längeren Zeitraum hinweg konstant ist. Zum Herbeirufen eignen sich besonders gut Namen, die zweisilbig sind. Sie sind kurz und können in einem Takt oder einer Melodie, die immer gleich bleiben sollte, gerufen wer-

den. Harte Konsonanten wie etwa K, T oder P heben sich besonders gut von den übrigen Alltagsgeräuschen ab und können so von den Pferdeohren noch leichter erkannt werden.

Manche Pferde kommen sofort angelaufen, wenn sie ihren Rufnamen hören. Ein wenig Übung ist allerdings dafür nötig. (Foto: Rabeder/Ortner)

Beim Jojo-Appell lernt das Pferd das Nennen seines Namens mit angenehmen Erfahrungen wie Leckerli oder Streicheleinheiten zu verbinden. (Foto: Rabeder/Ortner)

Wie gewöhne ich mein Pferd an seinen Namen?

Pferde, die auf ihren Namen reagieren und ähnlich einem Hund angelaufen kommen, wenn man sie ruft, findet man nicht gerade häufig. Schade, ist dieses Verhalten doch sehr praktisch, wenn man seinen Vierbeiner auf einer riesigen Weide einfangen muss und er in der hintersten Ecke grast. Wer etwas gemütlicher veranlagt ist und sich nicht schon vor dem Reiten durch einen Gewalt-

marsch über das saftige Grün auspowern will, wird für ein Pferd, das sich brav herbeirufen lässt, sehr dankbar sein. Die Gewöhnung des Pferdes an seinen Namen bringt viele Vorteile mit sich. Sie erleichtert nicht nur den Umgang im Alltag, sondern fördert auch die Verständigung zwischen Pferd und Mensch. Das Pferd lernt auf ein Stimmkommando zu reagieren, was sein

Verständnis für diese Form der Kommunikation erhöht, und beginnt außerdem, das Zugehen auf den Menschen und die Nähe zu ihm mit etwas Positivem zu verbinden. Somit eignet sich das Trainieren des Herbeirufens sehr gut als Kennenlernübung und als erste Arbeit mit dem jungen Pferd. Der Name des Pferdes wird hierbei zum Kommando und bekommt so für das Pferd eine besondere Bedeutung, die es mit seinem Menschen verbindet.

Der Jojo-Appell

Das Kommen auf Signal wird im Zirkusjargon Appell genannt, und deshalb möchte ich unsere erste Übung den Jojo-Appell nennen. Alles, was man dazu benötigt, sind ein Helfer, ein paar Leckereien für das Pferd und ein eingezäunter Platz. Geeignet sind eine Halle, ein Viereck oder ein Paddock, wichtig ist nur, dass das Pferd allein und der Untergrund keine schmackhafte Wiese ist, damit es sich auch konzentrieren kann. Ist es in ruhiger Stimmung, kann mit dem Üben begonnen werden.

Man fängt damit an, das Pferd mit seinem Namen zu sich zu rufen. Natürlich wird es diesen noch nicht erkennen, aber es soll sich an das Wort und seinen Klang gewöhnen. Dann beginnt man, es zu sich zu locken, vielleicht indem man die Hand ausstreckt oder in der Tasche kramt, während man das Rufen fortsetzt. Das Pferd soll auch nicht allzu weit vom Rufenden entfernt stehen, für den Anfang reicht es, wenn es sich nur ein paar Schritte auf den Menschen zu bewegen

muss. Ist es angekommen, bekommt es sofort sein Leckerli, wird mit der Stimme gelobt und eventuell etwas gekrault. Es soll wissen, dass es etwas gut gemacht hat.

Nun kommt der Helfer ins Spiel. Während der erste Rufer passiv wird und aufhört, sich mit dem Pferd zu beschäftigen, fängt der Helfer an, das Pferd mit seinem Namen zu rufen. Er sollte dabei denselben Tonfall benutzen wie der erste Rufer, da Pferde ihren Namen nicht nur an den Lauten, sondern vor allem an der Melodie und der Tonlage erkennen. Der Helfer lockt das Pferd zu sich – es muss sich wieder nur ein paar Schritte bewegen – und lobt es ausgiebig. Dieses Spiel geht nun immer hin und her. Der eine ruft, lockt und lobt, dann ist wieder der andere an der Reihe. Schon bald vergrößert man den Abstand zwischen den Rufenden und beginnt mit dem Locken auch erst, nachdem der Name ein paarmal gerufen wurde.

Manche Pferde verstehen dieses Spiel sehr schnell und laufen schon am ersten Tag flott hin und her. Andere brauchen dafür ein paar Übungstage oder bewegen sich nur langsam zwischen den Rufern. Trotzdem sollte man das Training pro Tag nur auf ein paar Minuten beschränken, um konzentriert arbeiten zu können. Viele Pferde erkennen dieses „Mal-hat-der-was-mal-der-andere-Prinzip" recht schnell, anstatt tatsächlich auf das Rufwort zu achten, das ist in diesem Stadium aber nicht wichtig. Der Jojo-Appell ist nur eine Vorübung und es genügt, dass das Pferd seinen Namen nun oft gehört hat, während es zum Menschen gelaufen ist.

Als weiterführende Übung lässt sich aus dem Jojo-Appell – hat man noch ein oder zwei weitere Helfer zu Verfügung – ein nettes Spiel machen. Dabei stellt man sich im Kreis auf und ruft abwechselnd das Pferd zu sich, das nun genauer aufpassen muss, wohin es läuft, denn nur derjenige, der gerufen hat, hat auch eine Belohnung parat.

Der Appell an der Longe

Ist das Pferd bereits einlongiert, kann man als nächste Übung den Appell an der Longe trainieren. Das Pferd sollte für diese Arbeit nur ein einfaches Stallhalfter tragen und nicht ausgebunden werden, schließlich soll es später auch auf seinen Namen reagieren, wenn es völlig frei ist, und die Übung nicht nur mit der Longierausrüstung in Verbindung bringen. Anfangs übt man im Schritt, um etwas Schwung in die Sache zu bringen, kann man sich später aber auch im Trab versuchen. Man longiert das Pferd ein paar Runden, dann lässt man die Peitsche sinken und dreht sie nach hinten, damit sie nicht mehr auf das Pferd zeigt. Gleichzeitig beginnt man seinen Namen zu rufen. Das Pferd muss genug Zeit haben, auf das Kommando reagieren zu können, erst wenn es keinerlei Anstalten macht, auf den Longenführer zuzugehen, beginnt man die Longe sanft einzuholen und es so zu sich zu führen. Nun wird gelobt, egal ob es von selbst auf den Menschen zugelaufen ist oder die Longe mitgeholfen hat. Durch diese angenehme positive Verstärkung wird es schon bald kommen, wenn man zu rufen beginnt, und nicht mehr darauf warten, von der Longe in die Mitte geführt zu werden.

Versucht das Pferd sich ein Lob zu erschleichen, indem es ohne gerufen zu werden in die Mitte läuft, muss es deshalb nicht gestraft werden. Es reicht vollkommen aus, nicht zu loben und das Pferd gleich wieder hinauszutreiben. Bald wird es merken, dass sich das selbstständige Hereinkommen nicht lohnt und sich wieder auf seine Arbeit konzentrieren.

Um die Lektion noch zu verfeinern, kann der Appell, bei dem das Pferd auf Zuruf seines Namens sofort abwenden und in die Mitte kommen soll, mit dem Anhalten an der Longe am Hufschlag abgewechselt werden. Für diese Übung wird, unterstützt von dem entsprechenden Kommando, die Longenhand angehoben und eventuell leicht vibriert. In aufrechter Körperhaltung macht man von vorn einen Schritt auf die Schulter des Pferdes zu, das nun ohne sich nach innen zu wenden am Hufschlag stehen bleiben soll. Der Ausbilder bewegt sich zum Loben auf das Pferd zu, das Geduld beweisen und abwarten muss. Durch das Üben dieser gegensätzlichen Kommandos ist eine Verbesserung beider Lektionen zu erreichen.

Die Longierpeitsche wird nach hinten gewendet und der Name des Pferdes gerufen.

Sofort wendet das Pferd nach innen auf den Menschen zu.

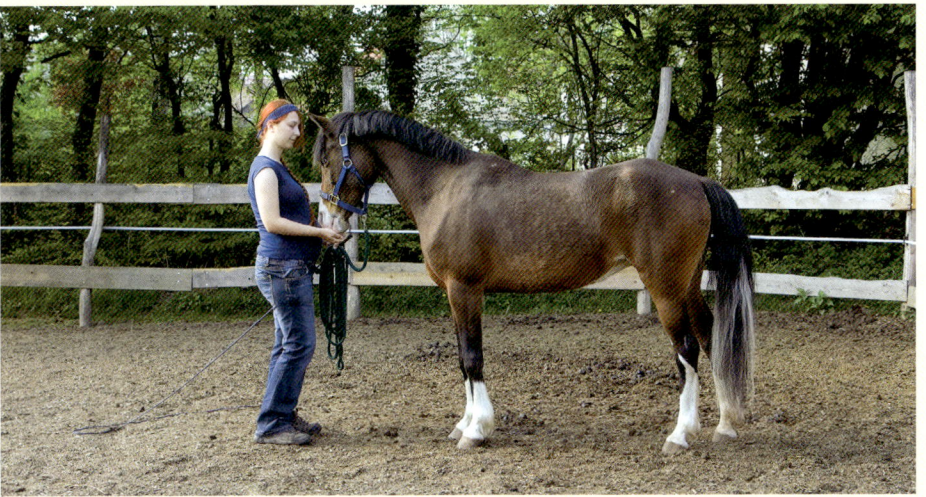

Die verdiente Belohnung wird in Empfang genommen. (Fotos: Rabeder/Ortner)

Der Appell im Freilauf

Auch diese Übung wird auf einem einge-
zäunten Platz ohne Grasbewuchs trainiert.
Hat man den Jojo-Appell und den Appell
an der Longe bereits gut geübt, sollte sie
keine Schwierigkeit darstellen. Wählt man
sie als erste Übung, kann der Erfolg ein
wenig länger auf sich warten lassen. Der
Appell im Freilauf gehört eigentlich schon
zur Freiheitsdressur und seine Übung lohnt
sich auch, wenn sich das Pferd bereits brav
rufen lässt. Er bringt Schwung ins Training,
was viele Pferde, die vorher nur langsam
herbeigetrottet kamen, dazu veranlasst,
auch mal im Trab auf den Menschen zuzu-
laufen.

Das Pferd wird mit einer Longepeitsche
locker im Freilauf getrieben. Hierbei sollte
man nicht zu heftig vorgehen, da es sich,
wenn es sich zu sehr aufgeregt, nicht mehr
auf die Übung konzentrieren kann. Es soll
ein paar Runden drehen, dann lässt man die
Peitsche sinken und ruft es. Hier zeigt sich,
wie gut man im Vorfeld gearbeitet hat. Hat
das Pferd die Übung bereits verstanden, wird
es antraben und seine Belohnung abholen.
Reagiert es nicht gleich, gibt es aber auch
keinen Grund, zu verzagen. Man kann es mit
ausgestreckter Hand locken oder in die
Hocke gehen, worauf viele Pferde mit Neu-
gier reagieren. Es ist durchaus auch erlaubt,
dabei etwas auf das Pferd zuzugehen. Auch
wenn man im Endeffekt will, dass es herbei-
läuft, ohne dass man ihm entgegengehen
muss, können ein paar Schritte in Richtung
Pferd in dieser Lernphase sehr nützlich sein.
Man sollte sich hierbei von der Vorstellung
verabschieden, dass ein Pferd absolut zu
gehorchen hat. Wenn man sich für einen
freundschaftlichen Umgang mit seinem Pferd
entscheidet, sollte man ihm auch stets behilf-
lich sein, wenn es etwas Neues lernen muss.
Wer sich wie ein Freund und nicht wie ein
strenger Vorgesetzter verhält, wird durch
einen Kameraden belohnt, der gerne angelaufen kommt und sich über gemeinsame
Unternehmungen freut.

Das Pferd wird im Freilauf getrieben und dann gerufen.

Hat es die Übung verstanden, wendet es unmittelbar nach innen ...

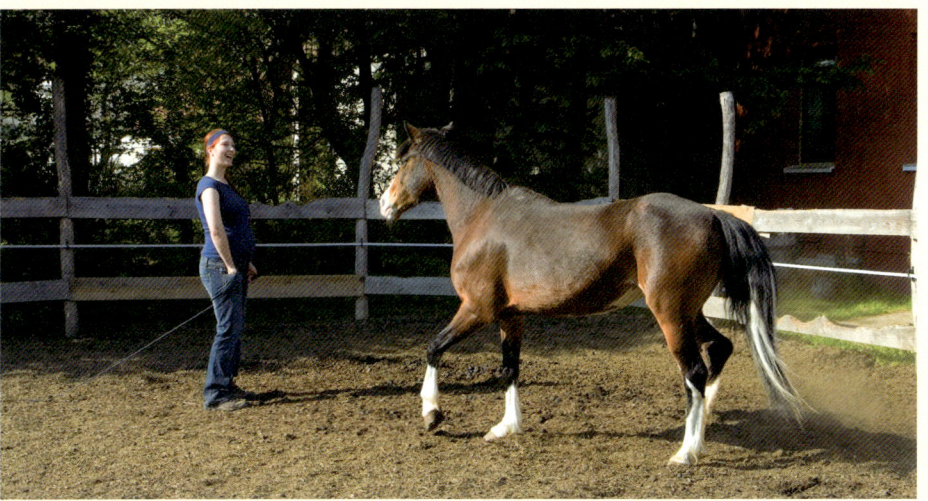

... und läuft freudig auf den Menschen zu. (Fotos: Rabeder/ Ortner)

Besonders kecke Pferde werden gerne mit Namen wie Frechdachs bedacht. (Foto: Slawik)

Auf der Suche nach dem passenden Namen

Wer sich auf die Suche nach einem Namen für sein Pferd macht, kann sich mitunter auf eine kleine Odyssee begeben. Schnell kann sich beim Suchenden eine flammende Leidenschaft einstellen, die ihn Tage und Wochen an Bücher und Computer fesselt. Denn wer einen bestimmten Namen sucht, den einen, der das Pferd perfekt beschreibt, den einen, der Ohr und Zunge des Suchenden umschmeichelt, den einen, der alle gewünschten Attribute in sich vereinigt und auch noch auf der Stallplakette gut aussieht, der gibt nicht auf, bis er ihn auch gefunden hat: den perfekten Namen.

Wegweiser und Grundsätze

Diese Suche beginnt mit ein paar grundlegenden Überlegungen, die einem als Wegweiser dienlich sind. Was für ein Typ ist mein Pferd? Wie wirkt es auf Außenstehende? Ist es zart und elegant? Ist es kräftig, temperamentvoll, oder vielleicht eher ruhig? Der Name, den man wählt, kann diese Wesenszüge herausstreichen oder aber sie etwas verschleiern. Wichtig ist, dass Pferdetyp und Name in keinem krassen Gegensatz zueinander stehen, denn das wirkt meist lächerlich. Wenn ein sehr ruhiges Pferd *Wirbelwind* heißt, regt das ungewollt zum Lachen an, und wenn nach Ansage einer Gazelle ein grobknochiges Ross den Platz betritt, wirkt dieses gleich noch etwas ungraziöser.

Führt man diese Überlegungen etwas weiter, stößt man auf die Grundgesetze der Namensgebung, die man auf jeden Fall beachten sollte:

Grundsatz eins: Ein Name darf nicht beleidigend oder lächerlich sein.

Dieses Prinzip ist selbstverständlich und entspringt dem grundlegenden menschlichen Gefühl für Ethik. So wird wohl kein Pferdebesitzer sein Pferd ernsthaft *Trottel* oder *Zicke* nennen. Erlaubt hingegen sind Namen, die zwar schlechtes Benehmen andeuten, aber mit einem Augenzwinkern verwendet und auch gern als Kosewort benutzt werden, wie es zum Beispiel bei *Lauser* oder *Frechdachs* der Fall ist. Auch Humor ist in Grenzen erlaubt, solange das Pferd nicht lächerlich gemacht wird. So ist es durchaus witzig und niedlich, wenn ein kleines Shetlandpony *Goliath* getauft wird. Umgekehrt kann es

charmant wirken, wenn ein besonders großes Pferd den Namen *Krümel* erhält.

Grundsatz zwei: Der Name soll in möglichst allen bekannten Sprachen eine schöne, nicht zu banale und auf keinen Fall negative Bedeutung haben.

Dieser Grundsatz beinhaltet, dass man sein Pferd weder *Kühlschrank* noch *Toilette* nennen sollte, auch wenn die spanischen Synonyme *Nevera* und *Lavabo* durchaus gefällig klingen. Probleme können auch Namen aus der Mythologie mit dunkler Bedeutung bereiten, oder die Benennung nach historischen Persönlichkeiten die sich nicht immer vorbildlich benommen haben. Hier ist etwas Feingefühl gefragt. So ist gegen gern gewählte Teufelsnamen wie *Mephisto* oder *Beelzebub* nichts einzuwenden. Namen hingegen, die Tod oder Krankheit bedeuten, sollten tabu bleiben. Bei historischen Personen kann man wenig falsch machen, wenn sie nur weit genug in der Vergangenheit gelebt haben. So sind Feldherren wie *Cäsar* und *Napoleon* für den Tod vieler verantwortlich, aber ihr Wirken liegt lang genug zurück, um ihre Namen ohne Bedenken für Pferde benutzen zu können. Von umstrittenen Persönlichkeiten neuerer Tage sollte man hingegen besser die Finger lassen, um niemandem ungewollt auf die Füße zu treten.

Grundsatz drei: Der Name soll einen schönen Klang haben.

Ob ein Name einen schönen Klang hat, unterliegt subjektivem Empfinden und wird wahrscheinlich von jedem Pferdebesitzer anders entschieden werden, ein paar Kleinigkeiten sollte man dennoch generell vermeiden: Zum einen ist es ratsam, auf Namen

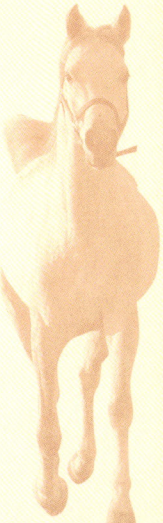

zu verzichten, die schwer auszusprechen sind, zumindest wenn einem die richtige Betonung und die Zunge der anderen am Herzen liegen. Zum anderen sollte man hierorts Namen vermeiden, deren Klang im Deutschen eine unglückliche Bedeutung hat. So heißt beispielsweise das Wort *Mist* im Englischen *Nebel*, hat auf Deutsch jedoch eine deutlich andere Bedeutung, die man keinem Pferd zumuten sollte.

> *Grundgesetze der*
> *Pferde-Namensgebung:*
> • *Ein Pferdename darf nicht*
> *beleidigend oder lächerlich sein.*
> • *Ein Pferdename soll eine schöne*
> *Bedeutung haben.*
> • *Ein Pferdename soll einen*
> *schönen Klang haben.*

Mit diesen Weisheiten ausgestattet, können wir uns weiteren Überlegungen auf der Suche nach einem Namen widmen. Neben den inneren Zügen unserer vierbeinigen Lieblinge, die durch einen Namen hervorgehoben werden können, lassen sich auch spezielle äußere Attribute durch den passenden Namen unterstreichen. So kann man Pferde beispielsweise nach ihrer Fellfarbe oder bestimmten Abzeichen benennen, wenn sie über ein extravagantes Aussehen verfügen. Goldgelbe Pferde werden dann nach der Sonne benannt und Rappen nach der Nacht, zu Pferden mit Laternen oder anderen dominan-

ten Kopfzeichnungen passt ein Name mit der Bedeutung Maske und Pferde mit einem auffälligen Stern werden oft nach eben diesem *Star* oder *Estrella* getauft (siehe Kapitel „Besondere Namen für besondere Pferde"). Diese Art der Namensgebung ist weitverbreitet, vor allem in Island findet sich eine Vielzahl verschiedener Namen, die ihren Ursprung in Fellfarbe und Abzeichen haben.

Eine Namensquelle anderer Art stellen die Eigenschaften des Pferdes dar, und viele Namen weisen auch den Außenstehenden sofort auf ein gewisses Attribut hin. So ist jedem sofort klar, dass ein *Komet* besonders schnell, ein *Educado* wunderbar ausgebildet und eine *Nobleza* außergewöhnlich elegant ist. Auch mythologische Namen, vor allem jene der Götter, tragen charakterliche und körperliche Eigenschaften in sich. So steht die Liebesgöttin Venus für Schönheit, der Donnergott Thor für Stärke und der umtriebige Zeus für Männlichkeit. Durch solche Namen kann man eine Stärke seines Pferdes hervorheben und gleichzeitig dem Stolzauf seine außergewöhnlichen Eigenschaften Ausdruck verleihen. Beliebte Attribute sind Stärke, Schnelligkeit, Schönheit, Klugheit, Neugierde, Charme, elegantes Bewegungsvermögen, Temperament, Gehorsamkeit und das Unbändige, das wilde Feuer, das in jedem gesunden Pferd lodert und für uns Menschen so verführerisch ist.

Zuletzt wollen wir uns noch den persönlichen Vorlieben des Namenssuchenden widmen, die ebenfalls eine wichtige Rolle spielen. So benennt ein leidenschaftlicher Kinogeher sein Pferd vielleicht nach einer Figur aus seinem Lieblingsfilm, und ein

Bei der Auswahl des Namens kann man sich beispielsweise auch auf die Größe des Täuflings beziehen.
(Foto: Slawik)

begeisterter Leser will vielleicht dem Haupt-
charakter aus seinem bevorzugten Buch mit
dem Namen seines Pferdes Tribut zollen.
Auch die Lieblingsband darf in die Überlegungen einfließen, solange die Grundsätze
der Namensgebung nicht missachtet werden.
Leidenschaften für eine gewisse Sprache
oder ein Land können ebenso zum Ausdruck
gebracht werden wie die Vorliebe für einen
Tanz oder einen speziellen Komponisten.
Solange der Name dem Besitzer gefällt und
zum Pferd passt, sind Liebesbezeugungen
dieser Art durchaus erlaubt.

Wegweiser für Namenssuchende:
• *Der Charakter des Pferdes*
• *Das Aussehen des Pferdes*
• *Gewünschte Attribute*
• *Die Vorlieben des*
Namenssuchenden

Namen von A bis Z

Nun kann die eigentliche Namenssuche beginnen. In der folgenden Liste findet sich trotz der Vielzahl an Namen nur ein minimaler Bruchteil möglicher Pferdenamen. Ihre Anzahl ist nämlich praktisch unbegrenzt, und der Menge an Möglichkeiten wird lediglich durch die Schranken unseres eigenen Einfallsreichtums Einhalt geboten. Unserer Liste sollen also nicht nur schlicht Namen entnommen werden, sondern sie soll auch Ideen für eigene Kreationen liefern. Wir haben Althergebrachtes mit völlig Neuem und Exotischem gemischt, um so Augen und Ohren zu öffnen und möglichst viele neue, unbekannte Anreize zu schaffen.

Zu Pferden mit viel Ausstrahlung passt ein Heldenname wie Achill *sehr gut. (Foto: Slawik)*

A

Abydos
Weiblich/männlich. Der Name dieser antiken Stadt im einstigen Oberägypten steht auch Pferden, egal welchen Geschlechts, ausgezeichnet.

Achill, Achilles
Männlich. Der glorreiche Held der Griechen im trojanischen Krieg trägt einen ebenso strahlenden Namen, der zu stolzen Hengsten und Wallachen aller Größen passt.

Aida
Weiblich. Es handelt sich hierbei um einen spanischen Vornamen, der sinngemäß übersetzt so viel wie Mondlicht bedeutet. Bekannt ist er vor allem durch die gleichnamige Oper von Giuseppe Verdi, die im alten Ägypten spielt.

Akela
Männlich. Dieser hübsche Name stammt aus Rudyard Kiplings „Das Dschungelbuch", in dem ihn der weise Anführer des Wolfsrudels, das den kleinen Menschenjungen Mowgli aufnimmt, trägt.

Aladin
Männlich. Der glückliche Finder der Wunderlampe aus „Tausendundeiner Nacht" wird häufig als Pate für Pferde herangezogen.

Alibaba
Männlich. Auch der Name dieses Helden aus „Tausendundeiner Nacht", der einst 40

Räuber besiegte und ihren Schatz gewann, findet sich oft als Pferdename wieder.

Allegra/Allegro

Weiblich/männlich. In der Musik bezeichnet allegro ein schnelles Tempo, das italienische Wort bedeutet allerdings in der Landessprache froh, lustig, heiter.

Alegría

Weiblich. Schon der positive Klang dieses spanischen Wortes lässt seine Bedeutung erahnen: Freude. Ein guter Name für aufgeweckte, stets heitere Stuten.

Aloha

Weiblich/männlich. Der hawaiianische Gruß kann mit Liebe, Zuneigung, Nächstenliebe oder auch Mitleid übersetzt werden.

Alva

Weiblich. Dieser kurze, hübsche Name bezeichnet im nordischen Raum eine Fee oder Elfe.

Amadea/Amadeus

Weiblich/männlich. Dieses lateinische Wort bedeutet „Liebe Gott!" und ist als Beiname Mozarts weltberühmt geworden.

Amaterasu

Weiblich. Die Sonnengöttin Amaterasu ist die höchste Gottheit im japanischen Shinto-Glauben. Ihr Name ist lang, aber voll Anmut.

Amigo

Männlich. Dieser beliebte Pferdename

kommt aus dem Spanischen und bedeutet Freund.

Amina

Weiblich. Dieser Name kommt aus dem Arabischen und bedeutet so viel wie die Treue, Zuverlässige.

Anahita

Weiblich. Anahita ist Altpersisch und bedeutet die Makellose.

Andromeda

Weiblich. In der griechischen Mythologie ist Andromeda eine Königstochter, die vom Helden Perseus gerettet wird, nachdem sie einem Seeungeheuer geopfert werden sollte. Bekannt ist der Name auch durch das nach ihr benannte Sternbild.

Angel

Weiblich/männlich. Das englische Wort für Engel wird sehr häufig als Pferdename benutzt, oft auch nur als Teil des Namens, so wie in *Golden Angel* oder *Angel of Music*.

Anubis

Männlich. Der schön klingende Name des ägyptischen Gottes der Totenriten trägt die weniger schmeichelnde Bedeutung „der in den Mumienbinden ist". Wer sich davon nicht abschrecken lässt, hat mit Anubis einen besonderen Namen für sein Pferd gefunden.

Apoll, Apollo, Apollon

Männlich. Der Name des griechischen

Gottes der Weissagung, Musik und Heilkunst wird sehr gern für Pferde verwendet. Vor allem die Form Apollo findet man sehr häufig.

Aramis

Männlich. Der charmante Aramis aus Alexandre Dumas „Die drei Musketiere" steht sehr viel häufiger Pate für Pferde als seine Kollegen. Kein Wunder, ist sein Name doch so elegant wie er selbst.

Arashi

Weiblich/männlich. Arashi ist Japanisch und bedeutet Sturm. Ein schöner, starker Name für Pferde, die wissen was sie wollen.

Arashi bedeutet Sturm und steht somit für Kraft und Schnelligkeit. (Foto: Rabeder/ Ortner)

Archimedes

Männlich. Der griechische Mathematiker, Physiker und Ingenieur der Antike trägt einen besonders edlen Namen, der sich gut an entsprechend würdigen Pferden macht.

Ares

Männlich. Der griechische Kriegsgott hat den Ruf eines brutalen Rohlings. Nichtsdestotrotz hat sein Name einen edlen Klang, der an einem großen, mächtigen Pferd besonders gut zur Geltung kommt.

Árdís

Weiblich. Die Fee des günstigen Wetters und guten Wachstums trifft man in Island an.

Artax

Männlich. Das Pferd des jugendlichen Helden Atréju aus Michael Endes Roman „Die unendliche Geschichte" trägt diesen sehr hübschen Namen und teilt ihn sicher gern mit anderen Pferden.

Artemis

Weiblich. Die wunderschöne, wenn auch stille, griechische Göttin der Jagd trägt einen besonders schönen Namen, auf den jede Stute, die ihn mit ihr teilt, stolz sein darf.

Aruna

Weiblich. Dieses Wort ist Sanskrit und bedeutet Morgendämmerung. Klang und Bedeutung sind sanft und heben die Schönheit seiner Trägerin hervor.

Asgard

Weiblich/männlich. Asgard ist die Welt der nordischen Götter, der Asen. Der Name klingt sehr edel und schön.

Ashanti

Weiblich. Der Name dieser Region in

Ghana klingt edel und süß zugleich. Das kriegerische Volk der Ashanti war über 200 Jahre eine afrikanische Großmacht, das seinen Reichtum durch den Handel mit Sklaven und Gold begründete. Zu jener Zeit gelangte auch die Erdnuss aus Brasilien nach Afrika. Da eines der Hauptanbaugebiete der Erdnuss noch heute in Westafrika liegt, wird diese häufig als Aschantinuss bezeichnet.

Asisa

Weiblich. Der Vorname kommt aus dem Arabischen und bedeutet edel und kostbar. Auch die Schreibweise *Aziza* ist möglich.

Die griechische Mythologie ist eine wahre Schatzkiste für Namenssuchende. Sie beherbergt eine Vielzahl an wohlklingenden und leicht auszusprechenden Namen, die sich mit allerhand Attributen verbinden lassen. Neben zahlreichen Göttern sind auch die Namen von Helden, schönen Königstöchtern, Ungeheuern oder sagenhaften Orten häufig auf Boxenschildern anzutreffen. Nicht nur die alten Griechen werden bei der Namenssuche zurate gezogen, auch der nordische und der keltische Sagenkreis oder die ägyptische Mythologie sind sehr beliebt.

Aspasia

Weiblich. Dieser sehr schöne Name kommt aus dem Griechischen und bedeutet die Willkommene.

Athos

Männlich. Der heimliche Anführer der drei Musketiere trägt einen starken Namen, der gut zu großen, kräftigen Pferden passt.

Atréju

Männlich. Der Held aus dem Roman „Die unendliche Geschichte" von Michael Ende trägt diesen wundervollen Namen.

Avalon

Männlich. Der mystische Ort aus der Artussage eignet sich sehr gut als Pferdename. Er klingt edel und geheimnisvoll. Der Name selbst leitet sich von dem keltischen Wort *aballo* ab, das Apfel bedeutet.

Avanti

Weiblich/männlich. Dieser italienische Ausruf bedeutet wörtlich voraus. Er wird zum Antreiben verwendet und wird deshalb mit Geschwindigkeit in Verbindung gebracht.

Avril

Weiblich. Das französische Wort für den Monat April ist gleichzeitig ein sehr schöner, zarter Stutenname, der sich gut auf einer Stallplakette macht.

Azrael

Männlich. Der in volkstümlichen islamischen Schriften als Engel des Todes bezeichnete Verwandte von Erzengel Raphael schreibt die Namen der Neugeborenen auf und streicht sie an ihrem Todestag wieder durch. Der Name hat etwas Geheimnisvolles, Düsteres und einen unwiderstehlichen Klang.

B

Baba Yaga

Weiblich. Die russische Märchengestalt ist ein Wesen zwischen Muttergöttin und Hexe. Sie lebt in einem Haus, das auf Hühnerbeinen steht, hinter einem Zaun aus Knochen und Totenköpfen. Sie bewegt sich in einem Gewürzmörser vorwärts und ist von Zauber umgeben.

Bandolero ist als Hengstname in Spanien weit verbreitet. (Foto: Slawik)

Babylon

Männlich. Der Name der antiken Stadt leitet sich vom Wort *Babili* ab, das so viel wie Tor Gottes bedeutet. Babylon ist ein sehr klangvoller Pferdename, der besonders gut zu großen Exemplaren passt.

Bacardi

Weiblich/männlich. Die beliebte Spirituosenmarke wird sehr gern als Pferdename benutzt und hat einen verspielten, frischen Klang.

Balder, Baldur

Männlich. Der Gott der Sonne, Güte und Gerechtigkeit der nordischen Mythologie steht außerdem für Reinheit, Schönheit, Friedfertigkeit und Toleranz. Er verkörpert alles Gute und Strahlende.

Bandit

Männlich. Dieser Wildwest-Schurkenname wird für gewöhnlich englisch ausgesprochen und klingt besonders frech.

Bandolero

Männlich. Der äußerst häufige, aus dem Spanischen kommende Name bedeutet Straßenräuber, was seiner Beliebtheit keinen Abbruch tut.

Bärli

Männlich. Dieser sehr niedliche Name passt am besten zu besonders flauschigen vierbeinigen Zeitgenossen.

Basilisk

Männlich. Auch wenn Pferde für

gewöhnlich niemanden mit ihrem Blick versteinern können, macht sich der Name des bekannten Fabelwesens gut, auch wenn er zugegebenermaßen eine gefährliche Aura verleiht.

Beauty

Weiblich. Der englische Begriff für Schönheit ist ein klassischer Pferdename, dem man relativ häufig begegnet.

Behiye

Weiblich. Behiye kommt aus dem Türkischen und bezeichnet eine besonders schöne Frau. Eine gute Wahl, wenn man die Schönheit seiner Stute in den Vordergrund stellen will.

Bella

Weiblich. Dieser ebenso schlichte wie hübsche Name kommt aus dem Italienischen und bedeutet die Schöne.

Belos

Männlich. Der griechische Begriff steht für Pfeil oder auch Geschoss. Als Name hat er einen vollen, männlichen Klang und steht für Geschwindigkeit.

Belsazar

Männlich. In Heinrich Heines gleichnamiger Ballade geht es diesem babylonischen König an den Kragen. Als Pferdename besticht das Wort durch seinen erhabenen Klang und sein hübsches Schriftbild.

Benin

Weiblich/männlich. Der Name dieses afrikanischen Landes macht sich auch an Pferden gut und hat einen angenehmen Klang.

Berjosa

Weiblich. Dieser hübsche Name kommt aus dem Russischen und bedeutet Birke.

Beyla

Weiblich. Beyla ist eine Stadt im afrikanischen Land Guinea und außerdem ein schöner Name für eine außergewöhnliche Stute.

Bijoux

Weiblich. Dieser ein wenig frech klingende Name kommt aus dem Französischen und bedeutet Schmuck, Geschmeide.

Bingo

Männlich. Der Name des bekannten Lotteriespiels hat sich nicht nur als Ausruf der Zustimmung durchgesetzt, sondern steht auch gern für Vierbeiner aller Art Pate, so auch für Pferde.

Biscuit

Weiblich/männlich. Der Begriff stammt aus dem Englischen und bedeutet Keks, aber auch Leckerli. Der Name klingt süß und frech.

Blade

Weiblich/männlich. Ein schneidiger Name, der auf Englisch Klinge bedeutet und so die Konkurrenz einschüchtert.

Blitz

Männlich. Dies ist ein flotter Name für besonders schnelle Zeitgenossen.

Niedliche Namen wie Blümchen *passen besonders gut zu Ponys.* (Foto: Slawik)

Blia

Weiblich. Blia ist ein aus dem Schwedischen stammender Name und bedeutet die Sanfte.

Blizzard

Weiblich/männlich. Das Wort für die sehr heftigen, in Nordamerika auftretenden Schneestürme klingt als Pferdename raffiniert und besticht durch sein dynamisches Schriftbild. Es steht für Temperament und Geschwindigkeit.

Blossom

Weiblich. Das englische Wort für Blüte ist ein sehr weiblicher Name für besonders sanfte Stuten.

Bolero

Männlich. Der Bolero ist ein spanischer Nationaltanz und passt somit zu Pferden mit viel Rhythmusgefühl.

Blümchen

Weiblich. Süße Namen wie diesen findet man besonders häufig bei Ponys, doch passen sie auch zu größeren Stuten, wenn diese eine sehr sanfte oder sehr jugendliche Ausstrahlung haben.

Bonanza

Männlich. Das englische Wort für Goldgrube wird gern mit dem Wilden Westen assoziiert, was vor allem an der gleichnamigen Fernsehserie liegt und dem derart benannten Pferd einen Hauch von Abenteuer verleiht.

Bonita/Bonito

Weiblich/männlich. Bonita kommt aus dem Spanischen und bedeutet die Schöne, Bonito ist die männliche Entsprechung und bedeutet der Schöne.

Bonne Chance

Weiblich/männlich. Dieser französische Ausruf bedeutet „Viel Glück!" Es handelt sich um einen typischen Turniernamen, der einen unabhängigen Rufnamen verlangt.

Brisa

Weiblich. Der sanft klingende Name kommt aus dem Spanischen und bedeutet Wind.

Bronco

Männlich. Bronco stammt aus dem amerikanischen Englisch und ist eine andere Bezeichnung für Mustangs, die verwilderten Hauspferde Nordamerikas. Der Name wird deshalb gerne für westerngerittene Pferde verwendet.

Bruja/Brujo

Weiblich/männlich. Die spanischen Pferdenamen bedeuten die Hexe und der Hexer. Das j wird hier übrigens wie ein deutsches ch ausgesprochen.

Bukephalos

Männlich. Der Name des treuen Kampfrosses von Alexander dem Großen ist ein Name für Geschichtsliebhaber. Er bedeutet so viel wie Stierkopf, was bestimmt als Kompliment gemeint war und nicht mit Rinderschädel übersetzt werden sollte. Der Legende nach war das mythologische Wunderpferd *Xanthos* ein Vorfahre Bukephalos'.

C

Candy

Weiblich. Der US-amerikanische Begriff für Süßigkeiten hebt das Niedliche, Liebliche in einer Stute hervor.

Campanero

Männlich. Campanero bedeutet der Glockengießer und ist in Spanien ein beliebter Pferdename.

Campari

Weiblich/männlich. Dieser alkoholische Markenname macht sich sehr gut an Pferden und hat einen spritzigen Klang.

Capricho

Männlich. Dieser spanische Name bedeutet die Laune, der Eigensinn. Er wird auch häufig für Stuten verwendet, dann allerdings leicht abgewandelt: Caprichosa – die Eigensinnige.

Casablanca

Weiblich/männlich. Die größte Stadt Marokkos wird vor allem wegen des berühmten gleichnamigen Films als Pferdename genutzt. Casablanca bedeutet wörtlich übrigens weißes Haus.

Casanova

Männlich. Der Name des skandalträchtigen italienischen Abenteurers aus dem 18. Jahrhundert ist ein Synonym für die Kunst der Verführung. Hat man also einen Hengst oder Wallach vor sich, der Damen schon mit einem kurzen Augenaufschlag zum Schmelzen bringen kann, sollte man diesen Namen für ihn in Betracht ziehen.

Spanische Namen sind vielfältig und haben meist einen feurigen Klang. Sie sind nicht nur bei Besitzern spanischer Pferde beliebt, sondern machen sich an Pferden aus aller Welt gut. Ein Blick in ein spanisches Wörterbuch zahlt sich bei der Namenssuche also immer aus. Nur bei der Aussprache muss man ein Auge darauf haben, dass nicht jeder Name so gesprochen wie geschrieben wird.

Das französische Wort Charmeur *passt zu besonders galanten Pferde-Herren. (Foto: Slawik)*

Charmeur

Männlich. Der Name bietet sich für Hengste und Wallache an, die es verstehen zu schmeicheln und wahrlich charmant sind.

Chica

Weiblich. Dieser freche Name kommt aus dem Spanischen und bedeutet Mädchen. Er passt besonders gut zu kleinen oder zarten Stuten.

Cielo

Männlich. Cielo kommt aus dem Spanischen und bedeutet Himmel, ist also ein guter Name für alle, die hoch hinaus wollen.

Chopin

Männlich. Der Name des berühmten, aus Polen stammenden Komponisten hat einen noblen, angenehmen Klang und eignet sich deshalb sehr gut als Pferdename.

Cocktail

Weiblich/männlich. Das meist alkoholische Mixgetränk ist ein immer passender Turniername für Pferde aller Art. Der Name selbst bedeutet übrigens Hahnenschwanz.

Coco

Weiblich/männlich. Coco ist ein beliebter Name, egal ob für Stuten oder männliche Pferde. Er ist kurz und hat einen frischen Klang, den Pferdeohren leicht erkennen können, ist also ein idealer Rufname.

Colima

Weiblich. Colima ist der aktivste Vulkan Mexikos. Dieser Name steht für Temperament und inneres Feuer.

Cookie

Weiblich/männlich. Das englische Wort für Keks eignet sich als süßer Name und hat einen frechen Klang.

Csillag

Männlich. Dieser freche Name kommt aus dem Ungarischen und bedeutet Stern, eignet sich also besonders für Pferde mit entsprechender Zeichnung.

D

Daisy

Weiblich. Dieser liebliche Name kommt aus dem Englischen und bedeutet Gänseblümchen. Er eignet sich für süße Stuten.

Daloa

Weiblich. Daloa ist eine Stadt an der Elfen-
beinküste mit einem angenehmen, sanften
Klang.

Dancer

Männlich. Das englische Wort für Tänzer
ist als Pferdename sehr beliebt. Kein Wunder, deutet dieser Name doch auf elegante
Bewegungen hin.

Dandy

Männlich. Auch wenn die englischen
Schönlinge aus dem 18. Jahrhundert als
arbeitsscheu galten, findet man den Namen
Dandy immer wieder an Pferden. Er hebt
alle äußeren Qualitäten wie Schönheit und
Eleganz hervor.

Dakar

Weiblich/männlich. Die Hauptstadt des
Senegal ist vor allem durch die Rallye
Paris – Dakar berühmt, macht sich aber
auch als Pferdename gut.

*Elegantes Bewe-
gungsvermögen
lässt sich durch
Namen wie Dancer
unterstreichen.
(Foto: Slawik)*

Daredevil

Männlich. Dieser sehr schneidige Name
bedeutet Draufgänger und passt so zu manchen Pferden recht gut. Auch der schwarze
Hengst des kopflosen Reiters aus dem Film
„Sleepy Hollow" trägt diesen Namen.

Delhi

Weiblich/männlich. Die Stadt in Indien
hat einen zarten Klang, der zu vielerlei
Pferden passt.

Desdemona

Weiblich. Dieser Name wurde durch
Shakespeare bekannt. Desdemona ist die
heimliche Gattin des Othello. Nicht nur ein
Mond des Uranus wurde nach ihr benannt,
auch das ein oder andere Pferd.

Deseoso

Männlich. Dieser sanft klingende spanische Name bedeutet so viel wie „von
einem Wunsch beseelt" und steckt somit
voller Poesie.

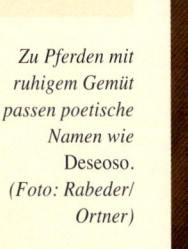

Zu Pferden mit ruhigem Gemüt passen poetische Namen wie Deseoso. (Foto: Rabeder/ Ortner)

Donar

Männlich. Der westgermanische Name des nordischen Donnergottes Thor steht für Stärke.

Dreamer

Männlich. Der englische Name bedeutet Träumer und hat einen sehr sanften Klang.

Duchesse

Weiblich. Dieses französische Wort bedeutet Herzogin und ist somit ein ganz besonders edler Name.

Desperado

Männlich. Ein Gesetzloser hat etwas Verwegenes, Tollkühnes an sich, das sich auch an manchen Pferden wiederfinden lässt.

Duke

Männlich. Duke, englisch für Herzog, ist ein kurzer, fast schon frecher Name mit vornehmer Bedeutung.

Diamant

Männlich. Den edelsten aller Edelsteine wählen Pferdebesitzer als Namen aus, für die es nichts Wertvolleres auf der Welt gibt als ihren Vierbeiner. Als Alternative soll hier noch die englische Entsprechung *Diamond* genannt werden.

Dumbledore

Männlich. Der Leiter des Zauberinternats Hogwarts aus der Romanreihe „Harry Potter" trägt diesen sehr ruhig klingenden Namen, der wegen des Charakters der Figur für Weisheit steht.

Dionysos

Männlich. Der griechische Gott des Weines, der Fruchtbarkeit und der Ekstase ist vor allem durch seine Orgien bekannt. Sein Name lässt von seinem lasterhaften Treiben allerdings nichts erahnen und klingt sehr vornehm und edel.

Dynamit

Weiblich/männlich. Dieser hochexplosive Name steht für Temperament und ist ein Name für besonders feurige Pferde.

Diva

Weiblich. Nur sehr vornehme Stuten mit viel Ausstrahlung können diesen Namen tragen, ohne dabei hochnäsig zu wirken.

E

Educada/Educado

Weiblich/männlich. Die und der

Wohlerzogene sind aus Spanien stammende Pferdenamen, die ganz offenkundig für gutes Benehmen stehen.

Elegida/Elegido

Weiblich/männlich. Dieser Name eignet sich besonders für all jene, die ihr Traumpferd bereits gefunden haben, bedeutet er doch in Spanien die/der Auserwählte.

Embruja/Embrujo

Weiblich/männlich. Bezaubernd sind diese beiden spanischen Namen, bedeuten sie doch ebendies auf Deutsch. Das j wird wie ein deutsches ch ausgesprochen.

Enigma

Weiblich/männlich. Dieser hübsche Name bedeutet Rätsel und passt zu Pferden mit einer geheimnisvollen Aura.

Enya

Weiblich. Dieser sehr schöne Name ist durch die gleichnamige irische Sängerin bekannt geworden. Er kommt aus dem Keltischen und bedeutet Wasser des Lebens.

Epona

Weiblich. Epona ist ein waschechter Pferdename, bedeutet der Name der nordischen Fruchtbarkeitsgöttin doch große Stute. Die Römer haben sie später als Göttin der Reiterei übernommen und verehrt.

Erlkönig

Männlich. In Goethes gleichnamiger Ballade spielt der Erlkönig eine düstere Rolle, doch eigentlich bezeichnet der aus dem Dänischen kommende Name den König der Elfen. Er passt zu großen wie zu kleinen Pferden und besonders gut zu Hengsten.

Esmeralda

Weiblich. Die Zigeunerin gleichen Namens betört in Victor Hugos Roman nicht nur den Glöckner von Notre Dame durch ihre strahlende Schönheit. Das Wort kommt aus dem Spanischen und heißt Smaragd.

Esprit

Weiblich/männlich. Dieser spritzige Name ist eine gute Wahl für Pferde mit viel Ausstrahlung, die das gewisse Etwas besitzen.

Estrella

Weiblich. Bei diesem freundlich klingenden Namen handelt es sich um das spanische Wort für Stern. Der Name passt

Estrella bedeutet Stern und eignet sich somit gut als Name für Pferde mit sternförmigen Abzeichen. (Foto: Slawik)

besonders gut zu Stuten mit eben diesem Abzeichen, aber auch zu Stuten, die von innen heraus strahlen und zum Star geboren sind.

Evita

Weiblich. Spätestens nach Musical und Film ist der Spitzname der ehemaligen First Lady Argentiniens Eva Perón weltberühmt. Evita ist die im Spanischen gängige Verkleinerungs- und Koseform des Vornamens Eva.

Excalibur

Männlich. Das sagenumwobene Schwert verlieh dem mythischen König Artus der Legende nach übernatürliche Kräfte. Der Name hat einen sehr starken, königlichen Klang.

F

Fafnir

Männlich. Der nordischen Sage nach fiel Fafnir dem bösen Einfluss des verfluchten Ringes Anvavinaut zum Opfer. Von Gier zerfressen, erschlug er zunächst seinen Vater und verwandelte sich schließlich in einen Drachen. Obwohl diese Geschichte alles andere als fröhlich ist, ist Fafnir ein hübscher Name, den Drachenfans durchaus für ihr Pferd wählen dürfen.

Fay

Weiblich. Bei dem englischen Wort für Fee handelt es sich um einen sanften, sehr weiblichen Namen.

Fina

Weiblich. Fina ist ein beliebter, niedlicher Stutenname, den man häufig antrifft. In Island bedeutet der Begriff Glanz, Schimmer, in Spanien die Feine.

Flamenco

Männlich. Dieser spanische Tanz ist ein Name für feurige Pferde mit viel Temperament. Als Flamenca eignet sich der Name auch für Stuten.

Flash

Männlich. Flash – englisch für Blitz – ist ein kurzer, prägnanter Name, der für Geschwindigkeit steht und deshalb besonders gut zu Springpferden passt.

Fleur

Weiblich. Dieser entzückende Stutenname ist französisch und bedeutet Blume oder Blüte.

Französische Namen sind vor allem bei Dressurpferden sehr beliebt. Sie haben einen edlen, manchmal schon etwas abgehobenen Klang, vermitteln Eleganz und Grazie und verhelfen dem Pferd zu einem noblen Auftritt.

Französische Begriffe wie Fleur *sind vor allem bei Besitzern hochkarätiger Dressurpferde sehr beliebt, vermitteln sie doch Eleganz und Grazie. (Foto: Slawik)*

Frechdachs

Weiblich/männlich. Besonders kecke Pferde bekommen diesen süßen Namen, der nicht als Tadel, sondern durchwegs lieb gemeint ist.

Frenja

Weiblich. Frenja ist ein isländischer Stutenname und bedeutet die Unbändige, bietet sich also als Name für lebenslustige Stuten voll Temperament an.

Freyja, Freya

Weiblich. Die schönste der nordischen Gottheiten steht für Liebe, Fruchtbarkeit und den Frühling.

Fuchur

Männlich. Der fliegende Glücksdrache aus Michael Endes Roman „Die unendliche Geschichte" ist ein ganz vorzügliches Reittier, was ihn im Besonderen als Pate für Pferde qualifiziert.

Fury

Weiblich/männlich. Dieser Name kommt aus dem Englischen und bedeutet eigentlich Wut, wird aber dennoch ab und zu als Pferdename gebraucht, was vermutlich an der gleichnamigen Fernsehserie liegt, in der sich alles um den schwarzen Mustang Fury dreht.

G

Galant

Männlich. Als galant bezeichnete man bereits im 16. Jahrhundert einen routinierten Schürzenjäger. Später verband man mit dem Wort den klugen, geschliffenen, leicht scherzhaften Umgang adeliger Herren mit ihren Herzdamen vor allem am französischen Hof. Der vierbeinige *Galan* weiß also genau, wie man mit Damen umgeht.

Galina

Weiblich. Dieser sehr schöne Name ist griechischen Ursprungs und bedeutet Stille oder Frieden.

Ganbatte

Weiblich/männlich. Eigentlich bedeutet dieser japanische Ausspruch so viel wie „Halte durch!", doch wird er ähnlich

Gazelle ist ein Name, der nur besonders grazilen Stuten steht. (Foto: Slawik)

unserem „Viel Glück!" verwendet und darf deshalb auch so übersetzt werden.

Gandálfur

Männlich. Dieser isländische Name bezeichnet eine Elfe mit Zauberstab, außerdem ist es der Name eines sagenhaften Zwerges.

Gazelle

Weiblich. Der Name der zarten Antilopen eignet sich nur für besonders feingliedrige Stuten, am besten solche mit gewaltigem Sprungvermögen.

Geronimo

Männlich. Geronimo war ein berühmter Apachen-Häuptling. Die Tradition, die Fallschirmspringer seinen Namen rufen lässt, bevor sie sich in die Tiefe stürzen, geht auf den Zweiten Weltkrieg und auf eine Gruppe Soldaten zurück, die vor ihrem Einsatz einen Film über den Indianerhäuptling gesehen hatten. Vielleicht ein Brauch, der gut zu Vielseitigkeitsreitern passen würde, bevor sie sich auf die Geländestrecke stürzen, aber das zu entscheiden bleibt wohl jedem selbst überlassen.

Gin

Weiblich/männlich. Der Name dieser hochprozentigen Spirituose ist kurz und frisch.

Gina/Gino

Weiblich/männlich. Bei diesen italienischen Koseformen von Namen wie zum Beispiel Regina oder Luigi wird das G als

Dsch ausgesprochen. Beide Namen werden sehr häufig für Pferde verwendet – Gina für Stuten, Gino für Hengste und Wallache.

Gipsy

Weiblich. Gipsy klingt frech und freundlich und ist die englische Bezeichnung für Zigeuner.

Gizmo

Männlich. Das niedliche Pelztierchen aus dem Film „Gremlins – Kleine Monster" trägt diesen entzückenden Namen, der vor allem gern für kleine Pferde verwendet wird.

Glöckchen

Weiblich. Hier handelt es sich um einen sehr lieblichen Namen für zarte Stuten.

Goliath

Männlich. Für besonders große Pferde bietet sich der Name des riesenhaften Kriegers aus dem Alten Testament an.

Grace

Weiblich. Grace, englisch für Anmut, Grazie, ist ein beliebter, sehr eleganter Name.

Grandeur

Männlich. Dieses französische Wort bedeutet Größe und ist ein Name, der besonders gern für Dressurpferde verwendet wird. Er hat einen vornehmen Klang, der die Konkurrenz am Viereck von vornherein einschüchtert.

Grisu

Männlich. Der Name Grisu ist vor allem durch die Zeichentrickserie „Grisu, der kleine Drache" bekannt geworden.

Gryffindor

Männlich. Harry-Potter-Fans haben es schwer, wenn sie ihrer Leidenschaft für den Zauberschüler durch den Namen ihres Pferdes Ausdruck verleihen wollen. Die Namen der Hauptcharaktere wirken auf der Boxentür etwas fade, man muss also auf etwas Ausgefalleneres zurückgreifen, so wie hier auf eines der Häuser des Zauberinternats Hogwarts. Auch die anderen Häuser Ravenclaw, Hufflepuff und Slytherin bieten sich als Name an.

Guapa/Guapo

Weiblich/männlich. Beide Namen kommen aus dem Spanischen. Sie bedeuten die bzw. der Hübsche.

Hades

Männlich. Der griechische Gott herrscht in der nach ihm benannten Unterwelt über die Toten. Sein Name hat etwas Düsteres, aber auch Königliches.

Hakima

Weiblich. Hakima ist Arabisch und bedeutet die Weise.

Hamlet

Männlich. Der düstere Dänenprinz aus

Shakespeares berühmter Tragödie steht immer wieder Pate für Pferde. Es handelt sich um einen sehr hübschen, wenn auch ernsten Namen.

Hana
Weiblich. Das japanische Wort für Blüte hat einen sanften, angenehmen Klang.

Hanoi
Weiblich. Die Hauptstadt von Vietnam trägt einen geheimnisvoll klingenden Namen, der gut zu hübschen Stuten passt.

Happy
Weiblich/männlich. Happy kommt aus dem Englischen und bedeutet glücklich, was man schon am Klang hört, der voller Fröhlichkeit steckt.

Haru
Weiblich/männlich. Dieser Name kommt aus dem Japanischen und bedeutet Frühling.

Hawk
Männlich. Das englische Wort für Falke steht für Geschwindigkeit und Wendigkeit und ist deshalb ein guter Name für Springpferde.

Hektor
Männlich. Der Sohn des Königs von Troja aus Homers „Ilias" trägt diesen starken, schneidigen Namen, der zu Pferden passt, die wissen, was sie wollen.

Heureka
Weiblich/männlich. Als Archimedes das

Namen wie Hawk, *die Schnelligkeit und Gewandtheit repräsentieren, sind besonders für Springpferde beliebt. (Foto: Slawik)*

Gesetz der Verdrängung entdeckte, lief er nackt durch die Straßen und rief laut: „Eureka!", zu Deutsch: „Ich hab's gefunden!", so erzählt es zumindest die Legende. Bei uns ist der Ausspruch eher in seiner englischen Form mit einem H vorneweg bekannt und kann so auch als Pferdename genutzt werden.

Hikari
Weiblich. Hikari ist Japanisch und bedeutet Lichtstrahl.

Horatio
Männlich. Der Name von Hamlets bestem Freund in Shakespeares berühmter Tragödie verleiht seinem Träger ein kluges, besonnenes Auftreten.

Figuren aus Theaterstücken und Opern werden immer wieder als Pate für Pferde herangezogen. Vor allem Shakespeares Werke bieten eine Vielzahl an Persönlichkeiten mit wohlklingenden Namen.

Honey
Weiblich. Honey bedeutet Honig und wird im englischsprachigen Raum gern als Kosename für Zweibeiner benutzt. Aber auch als Pferdename drückt Honey hingebungsvolle Liebe zum Täufling aus.

Horus
Männlich. Der Licht- und Himmelsgott der ägyptischen Mythologie trägt einen starken Namen mit der Bedeutung Ferne.

Hurrikan
Männlich. Der Name dieses gefährlichen tropischen Wirbelsturms kommt aus dem Indianischen und bedeutet so viel wie Gott des Windes. Er steht für Kraft und Geschwindigkeit.

I

Idefix
Männlich. Der Name des entzückenden Comic-Hundes aus den Abenteuern von Asterix und Obelix wird gern für Ponys gewählt.

Iduna
Weiblich. Iduna ist eine altnordische Göttin, die für Jugend und Unsterblichkeit steht. Ihr Name klingt sehr sanft und schön.

Ikaros, Ikarus
Männlich. Der aus der griechischen Sage bekannte Ikaros kam mit seinen selbst gebauten Flügeln der Sonne zu nah und stürzte schließlich ins Meer, was kein schlechtes Omen für Namensvetter sein soll. Ikaros ist ein passender Name für alle, die hoch hinaus wollen.

Der göttliche Name Indira *steht für Schönheit und Glanz.* (Foto: Slawik)

Ilesha

Weiblich. Der Name der Stadt in Nigeria eignet sich durch ihren sanften Klang sehr gut als Stutenname.

Impala

Weiblich. Impalas sind eine weitverbreitete afrikanische Antilopenart. Ihr Name passt zu sehr zarten Stuten mit leichtfüßigen Bewegungen.

Indira

Weiblich. Dieser Beiname der Göttin Lakschmi ist Sanskrit und bedeutet so viel wie Schönheit oder Glanz.

Indri

Weiblich/männlich. Dies ist der Name eines entzückenden Gesellen, der obendrein noch sehr niedlich klingt. Es handelt sich um eine Lemurenart, also einen Halbaffen, mit schwarz-weißer Zeichnung. Für Pferde lässt sich das Wort mit dem freundlichen Klang vielseitig einsetzen.

Isis

Weiblich. Die Schwester und Gemahlin des ägyptischen Gottes Osiris, trägt neben vielen anderen Beinamen den Titel die Zauberreiche. Sie steht für Liebe und Klugheit.

Iskra

Weiblich. Dies ist ein guter Name für feurige Stuten, bedeutet er doch Funke und kommt aus dem Russischen.

Iva

Weiblich. Iva ist der Weidenbaum und kommt aus Russland.

J

Jackpot

Männlich. Ein kecker Name für Turnier-
pferde, der zeigt, dass man gewinnen will.
Als Rufname bietet sich Jack an.

Jade

Weiblich. Der Name des wunderschönen
grünen Schmucksteins kann, deutsch oder
englisch ausgesprochen, als edler Stutenname genutzt werden.

Jago

Männlich. Jago ist der Name des intrigan-
ten Bösewichts aus Shakespeares „Othello".
Trotz seiner Schandtaten trägt er einen
hübschen Namen, der sich auch gut als
Pferdename eignet.

Jazz

Weiblich/männlich. Ein kurzer, musischer
Name mit frechem Schriftbild.

Jerry

Männlich. Die Kurzform von Jeremy ist
ein im angelsächsischen Raum sehr beliebter Vorname und wird in unseren Breiten
oft für Pferde benutzt.

*Obwohl menschliche Vornamen
sehr häufig auch für Pferde benutzt
werden, sind sie keine gute Wahl. Ist
der ausgewählte Name im deutschen Sprachraum häufig, kann es*

*leicht zu Verwirrungen kommen. Es
kann durchaus vorkommen, dass
Sandra auf Sandra und Anna auf
Anna reitet und man in Gesprächen
den Überblick verliert, ob denn nun
von einem Pferd oder einem Menschen die Rede ist. Vor allem aber
ist es in Anbetracht der riesigen
Anzahl möglicher Pferdenamen
nicht notwendig, sich im sehr viel
kleineren Pool der menschlichen
Vornamen zu bedienen. Entscheidet
man sich doch für einen solchen
Namenszug, sollte er zumindest im
deutschen Raum möglichst selten
sein. Ist man speziell auf der Suche
nach einem menschlichen Namen,
können Namensbücher, die eigentlich für werdende Eltern gedacht
sind, weiterhelfen.*

Jódís

Weiblich. Dieser isländische Stutenname
bedeutet einerseits Schwester, anderseits
aber auch Pferdegöttin oder Pferdefee.

Joker

Männlich. Ob nun nach der Spielkarte oder
nach dem Batman-Bösewicht benannt, dieser Name hat etwas Freches.

Jolanthe

Weiblich. Das griechische Wort für
Veilchenblüte ist ein interessanter Name
für Pferde. Zahlreiche Königinnen und
andere große, historische Frauen trugen

diesen Namen und als Jolante, Jolanta oder Yolanda war er besonders im 13. Jahrhundert verbreitet.

Jolie

Weiblich. Dieser entzückende Stutenname kommt von dem französischen Wort für hübsch und hat einen sehr lieblichen Klang.

Jolly Jumper

Männlich. Wortwörtlich haben wir es bei dieser englischen Bezeichnung mit dem „ausgelassenen Springer" zu tun. Das kluge Pferd des Comic-Helden Lucky Luke steht oft Pate für Pferde aller Art, im Besonderen aber für Pferde, die gern springen.

Jolly Jumper ist ein fröhlicher Name für muntere Pferde mit Springbegabung.(Foto: Rabeder/Ortner)

Jupiter

Männlich. Die römische Entsprechung des griechischen Gottes Zeus hat einen prächtigen, strahlenden Namen, der für Größe steht.

Juwel

Weiblich/männlich. Dieser Name steht eindeutig für Schönheit und Anmut und passt zu besonders schmucken Pferden.

K

Kadmos

Männlich. Der mythologische Gründer der Stadt Theben trägt einen starken, klangvollen Namen.

Kaduna

Weiblich. Der Name der nigerianischen Stadt Kaduna hat einen angenehmen Klang, der den Ohren schmeichelt.

Kalahari

Weiblich. Im Namen dieser Wüste an der Grenze zwischen Namibia und Botswana klingt etwas Geheimnisvolles und Exotisches mit. Besonders gut passt er zu Pferden, deren Fellfarbe Sandschattierungen zeigt.

Kamar

Weiblich. Dieser hübsche Name kommt aus dem Arabischen und bedeutet Mond.

Kampala

Weiblich. Der Name der Hauptstadt von Uganda hat einen typisch afrikanischen Klang und macht sich auch als außergewöhnlicher Pferdename gut.

Der Atlas ist der beste Freund des Pferdenamen-Suchenden. Im Anhang findet sich – alphabetisch geordnet – eine Vielzahl außergewöhnlicher Namen, von denen die meisten sich sehr gut als Pferdenamen eignen. Erlaubt ist hier alles, was einen hübschen Klang hat, egal ob es sich um einen Fluss, eine Stadt, ein Land oder einen Berg handelt.

Karaca

Weiblich. Dieser Begriff bedeutet Reh und kommt aus dem Türkischen.

Kari

Weiblich/männlich. Dieser hübsche Name kommt aus dem Japanischen und bedeutet Jagd.

Karthago

Männlich. Das antike Karthago war die Hauptstadt der gleichnamigen Handels- und Seemacht und bedeutet neue Stadt. Als Name bietet sich das Wort für mächtige, rahmige Pferde an.

Kayah

Weiblich. Kayah ist ein Landstrich in Myanmar, dem ehemaligen Burma, und außerdem ein besonders hübscher Stutenname.

Kirkos

Männlich. Dieser aus dem Griechischen stammende Name bedeutet Falke und hat einen starken, männlichen Klang.

Kir Royal

Weiblich/männlich. Der vor allem in Süddeutschland gern getrunkene Aperitif wird aus Champagner und Likör von Schwarzen Johannisbeeren zubereitet. Das Wort hat einen sehr noblen Klang und ist wohl deshalb als Pferdename so beliebt.

Kleopatra, Cleopatra

Weiblich. Kleopatra war der Name mehrerer ägyptischer Königinnen, doch nur

Kleopatra ist ein berühmter Name, der an Erhabenheit und Schönheit denken lässt. (Foto: Slawik)

*Nicht nur Isländer dürfen stürmische Namen wie Kylja tragen.
(Foto: Slawik)*

als klassischen Pferdenamen bezeichnen. Er steht für Geschwindigkeit und hat einen edlen Klang.

Kore

Weiblich. Dieser sanft klingende Name kommt aus dem Griechischen und bedeutet Mädchen. In der Mythologie ist er ein Beiname von Persephone, der Königin der Unterwelt.

Kosmos

Männlich. Der Begriff bezeichnet nicht nur das All in seiner Gesamtheit, in seiner aus dem Griechischen stammenden Grundbedeutung steht er auch für Schmuck. Ein Name also, der Schönheit andeutet.

Kronos

Männlich. Der Titan, der in der griechischen Mythologie als Vater der großen Götter Zeus, Hera, Poseidon, Hades, Hestia und Demeter gilt, ist auch als Begründer des Goldenen Zeitalters bekannt. Sein Name hat einen besonders starken Klang und ist nur etwas für harte Kerle.

Kleopatra VII. gelangte durch ihre Liebschaft mit Julius Cäsar und ihre spätere Ehe mit Marcus Antonius zu Weltruhm. Der Name des letzten weiblichen Pharaos kommt aus dem Griechischen und bedeutet durch Ruhm glänzend. Also ein sehr passender Name für erhabene Stuten. Als Rufname wird meist das kurze Kleo gewählt.

Kokoro

Männlich. Dieser exotisch klingende Name kommt aus dem Japanischen und bedeutet Herz.

Komet

Männlich. Komet kann man schon beinahe

Kvik

Weiblich. Kvik ist ein isländischer Name, der für lebendige, spritzige Stuten Verwendung findet. Er ist kurz und hat einen sehr kecken Klang.

Kylja

Weiblich. Dieser aus Island kommende Stutenname bedeutet kalte Brise und hat einen verführerischen Klang.

L

Lambada

Weiblich. Der Lambada ist ein brasilianischer Tanz und außerdem ein schwungvoller Name für Stuten mit Rhythmusgefühl.

Lanzelot

Männlich. Der berühmte Ritter von König Artus' sagenumwobener Tafelrunde steht für Kraft, Geschick und Edelmut.

Laos

Männlich. Der Name dieses Landes in Südostasien ist auch ein sehr hübscher Name für Pferde.

Lausbub

Männlich. Dieser Tadel wird wie ein Kosewort benutzt und hielt so auch Einzug in die Welt der Pferdenamen.

Lavendel

Weiblich. Lavendel riecht nicht nur gut und sieht zauberhaft aus, sondern klingt auch noch so lieblich, dass er sich als Name für schöne, sanfte Stuten eignet.

Leány

Weiblich. Leány bedeutet Mädchen und kommt aus dem Ungarischen. Der Akzent auf dem a bedeutet, dass dieser Vokal lang gesprochen wird.

Lesedi

Weiblich. Dieses Wort der südafrikanischen Sotho bedeutet das Licht und wurde im Zuge blutiger Stammeskriege im 19. Jahrhundert zum Symbol für Hoffnung und Frieden. Nicht nur ein schöner Name, sondern auch ein persönliches Bekenntnis.

Lesotho

Männlich. Der Name dieses kleinen südafrikanischen Landes hat einen majestätischen Klang und passt gut zu groß gewachsenen Pferden.

Lhasa

Weiblich/männlich. Der Name der tibetanischen Hauptstadt ist gleichzeitig ein sehr schöner und edler Name für Pferde.

Liska

Weiblich. Liska, der Fuchs, ist ein schneidiger, aus dem Russischen kommender Name für kluge Stuten.

Ljuba

Weiblich. Dieser interessante Name kommt aus dem Russischen und bedeutet die Liebende.

Lóa

Weiblich. Lóa ist in Island der Name eines Vogels, nämlich des Goldregenpfeifers, wird dort aber auch als Stutenname verwendet.

Loki

Männlich. Der nordische Feuergott ist außerordentlich trickreich und verschlagen. Seine hohe Intelligenz nutzt er nicht selten für böse Machenschaften. Er ist der Vater von Monstern wie der Midgardschlange

und dem alles verschlingenden Wolf Fenrir, aber auch Mutter (!) von Odins achtbeinigem Ross *Sleipnir*. Ein zwiespältiger Charakter, aber Träger eines schönen, perfekt als Rufname geeigneten Namens.

Lord

Männlich. Dieser englische Adelstitel wird sehr gern als Pferdename gewählt. Praktisch ist, dass man ihm, um einen Turniernamen zu kreieren, leicht noch etwas beifügen kann, wie zum Beispiel *Lord of Dreams* oder auch *Lord of the Dance*.

Lucky

Männlich. Wer lucky ist, hat Glück und wer auf Lucky reitet, vermutlich ebenso. Ein unkomplizierter, freundlicher Name.

Das isländische Wort Lysa *bedeutet Glanz und Schimmer. (Foto: Slawik)*

Luna

Weiblich. Dieser kurze Name ist wohl einer der häufigsten Stutennamen überhaupt. Kein Wunder, klingt er doch nicht nur hübsch, sondern hat auch eine schöne Bedeutung: Luna kommt aus dem Lateinischen und bezeichnet den Mond beziehungsweise die Göttin des Mondes.

Lysa

Weiblich. Dieser sehr charmant klingende isländische Stutenname bedeutet Schein, Schimmer.

M

Macbeth

Männlich. Der Name des schottischen Heerführers und Königs erlangte durch das gleichnamige Stück von William Shakespeare große Berühmtheit. Auch an Pferden findet man diesen tatsächlich königlich klingenden Namen immer wieder.

Ma Cherie/Mon Cheri

Weiblich/männlich. Diese aus dem Französischen kommenden Pferdenamen bedeuten mein Liebling.

Madame Mim

Weiblich. Die Gegenspielerin des Zauberers Merlin aus dem Zeichentrickfilm „Die Hexe und der Zauberer" hat es zu großer Berühmtheit gebracht. Immer wieder schmückt ihr Name freche Stuten. Häufig ist an deren Seite auch ein dazu passender *Merlin* zu finden.

Madhya

Weiblich. Dieser Landstrich in Indien trägt einen sehr hübschen Namen, den man gut als Pferdenamen nutzen kann.

Mad Max

Männlich. Der Name der Titelfigur dieses Kultfilms mit Mel Gibson bedeutet „verrückter Max" und findet immer wieder als Pferdename Verwendung.

Magic

Weiblich/männlich. Das englische Wort für Magie ist ein sehr beliebter Pferdename für ganz bezaubernde Vierbeiner.

Malina

Weiblich. Dieser sehr schöne Stutenname hat einen zarten, lieblichen Klang. Er kommt aus dem Russischen und bedeutet Himbeere.

Mandragora

Weiblich. Dieser martialisch klingende Name ist eine andere Bezeichnung für die Alraun-Wurzel, der gern magische Kräfte nachgesagt werden.

Monrovia

Weiblich. Die Hauptstadt des afrikanischen Landes Liberia besitzt einen langen, interessant klingenden Namen, der gut zu groß gewachsenen Stuten passt.

Magic ist ein wahrhaft zauberhafter Pferdename und überaus beliebt. (Foto: Slawik)

Manzana

Weiblich. Manzana kommt aus dem Spanischen und bedeutet Apfel. Es handelt sich um einen interessanten Namen für Apfelschimmelstuten oder andere freche Früchtchen.

Marquis

Männlich. Der französische Adelstitel entspricht dem deutschen Markgrafen und schmückt häufig die Box nobler Pferdeherren. Für etwas mehr Extravaganz kann man dem kurzen Stallnamen etwas Beliebiges anhängen wie in unserem Beispiel Marquis de Bretagne.

Matador

Männlich. Der höchste Rang eines Stierkämpfers macht sich gut als starker, sehr männlich klingender Name für richtige Kerle.

Maverick

Männlich. Als Maverick wurde im Wilden Westen ein mutterloses Kalb bezeichnet, er ist aber auch der Name eines Poker spielenden Fernseh- und Filmhelden.

Maxi

Männlich. Die Kurzform des Vornamens Maximilian ist ein derart häufiger Name – vor allem für Ponys – dass man ihn in so manch ländlicher Region schon fast für eine allgemeine Bezeichnung für männliche Pferde halten kann. Aufgrund dieser Häufigkeit sollte man den Namen eher meiden, zumindest wenn es keinen dazu passenden Moritz gibt.

Medea

Weiblich. In den verschiedenen Versionen der griechischen Mythologie wird Medea als selbstbewusste, heilkundige aber auch eifersüchtige Frau dargestellt. Sie trägt einen zarten, sehr melodischen Namen, der gern für Stuten verwendet wird.

Melody

Weiblich. Das englische Wort für Melodie ist ein sehr beliebter Stutenname, der freundlich und fröhlich klingt.

Memory

Weiblich/männlich. Der Name mit dem angenehmen, freundlichen Klang kommt aus dem Englischen und bedeutet Erinnerung.

Merkur

Männlich. Dies ist der römische Name des griechischen Gottes Hermes, der viele Aufgaben in der Sagenwelt innehat. Er ist Götterbote, Schutzpatron der Reisenden, Händler und Diebe und begleitet die Toten in die Unterwelt. Jemand, der derart beschäftigt ist, hat sich ein besonderes Denkmal verdient, so hat man gleich einen ganzen Planeten nach ihm benannt und natürlich auch das ein oder andere Pferd.

Merlin

Männlich. Natürlich kennt jeder den berühmten Zauberer aus der Artus-Sage, dessen Name gern und häufig für Pferde gewählt wird. Den Namen selbst kann man vom französischen Merlion, der Zwergfalke, oder vom walisischen Merdin, die Düne, herleiten. In beiden Fällen handelt es sich um geheimnisvolle Begriffe, die die Fantasie anregen.

Meteor

Männlich. Ein beliebter Name griechischen Ursprungs, der für leuchtende Kraft und Schnelligkeit steht, bezeichnen doch Meteore generell Leuchterscheinungen am Himmel, sei es durch das Verglühen von Gesteinsbrocken oder durch das Wettergeschehen.

Meyja

Weiblich. Dieser entzückende isländische Stutenname bedeutet Jungfrau oder Mädchen und ist somit ein guter Name für junge lebensfrohe Stuten.

Mimir

Männlich. Mimir ist in der nordischen Mythenwelt einerseits der Brunnen der

Meteor bedeutet auf Griechisch „in der Luft" und passt zu temperamentvollen Pferden. (Foto: Slawik)

Weisheit, andererseits auch dessen Wächter. Der Name klingt nett und freundlich.

Moana

Weiblich. Dieser sehr melodische Name kommt aus der polynesischen Region und bedeutet Ozean und Unendlichkeit. Er klingt jung und sehr weiblich.

Mogli, Mowgli

Weiblich/männlich. Eigentlich ist der kleine Mogli, im Original übrigens Mowgli, aus Rudyard Kiplings Roman „Das Dschungelbuch" ein Junge, doch sein Name wird auch gern für weibliche Haustiere, so auch für Stuten verwendet.

Pferde nach Personen aus Büchern, Comics oder Filmen zu benennen ist immer in Mode. Wichtig ist, auch dabei wieder auf einen schönen Klang zu achten. Vor allem in Fantasy-Romanen wird man leicht fündig, da hier meist außergewöhnliche Namen verwendet werden, die oft sehr hübsch klingen. Dabei ist es nicht so wichtig, dass jeder diese Figuren kennt. Wie wäre es zum Beispiel mit Miriamel oder Binabik aus Tad Williams Roman „Der Drachenbeinthron" oder mit Laoron oder Taskil aus „Akahedt" von Kaskya Akin?

Molnija

Weiblich/männlich. Dieser russische Pferdename schlägt ein wie ein Blitz, und eben dies bedeutet er auch.

N

*Das isländische Mäuschen heißt Mysla und passt als Name besonders gut zu mausgrauen Stuten.
(Foto: Slawik)*

Momo

Weiblich. Momo ist Japanisch und bedeutet Pfirsich. Bei uns wurde der Name vor allem durch den gleichnamigen Roman von Michael Ende bekannt, in dem ein kleines Mädchen den Menschen die gestohlene Zeit wiederbringt. Es handelt sich also um einen Namen, der eher zu kleinen Stuten passt.

Mysla

Weiblich. Dieser isländische Stutenname bedeutet Mäuschen. Er hat auch einen der Bedeutung entsprechenden süßen Klang.

Mystique

Weiblich. Der Name dieser Schurkin aus der Comic- und mittlerweile auch Film-reihe „X-Men" ist an das englische Wort *Mystery* angelehnt, das Rätsel, Geheimnis bedeutet.

Namib

Weiblich/männlich. Die Namib ist eine Wüste in Südwest-Afrika, die durch hohe rote Sanddünen charakterisiert ist. Ihr Name hat einen interessanten, exotischen Klang und passt besonders gut zu rahmigen Füchsen.

Napoleon

Männlich. Napoleon Bonaparte stieg während der französischen Revolution vom Feldherrn zum Konsul auf und krönte sich selbst zum französischen Kaiser. Gängiger Spitzname für Pferde dieses Namens ist Napsi, ein Kosewort, das nichts mehr vom edlen Klang des ursprünglichen Namens besitzt, dafür aber sehr süß und frech klingt.

Naskur

Männlich. Naskur ist ein isländischer Name, der geschickt, gewitzt, genial bedeutet.

Narnia

Weiblich/männlich. Das wundersame Land, bekannt aus C. S. Lewis' Romanreihe „Die Chroniken von Narnia", macht sich auch sehr hübsch als Pferdename.

Nashi

Weiblich. Nashi bedeutet Birnbaum und kommt aus dem Japanischen. Es handelt sich um einen sehr süßen Namen, der eher zu kleinen Pferden passt.

Navajo

Männlich. Die Navajos sind das zahlreichste aller indianischen Völker Nordamerikas und leben in New Mexico, Arizona und Utah. Als Pferdename steht der Indianerstamm nicht nur für gescheckte Pferde Pate und hat einen unwiderstehlichen, edlen Klang.

Nemesis

Weiblich. Die griechische Göttin des gerechten Zorns bestraft die herzlos Liebenden. Ihr Name hat einen dunklen, gefährlichen Klang und ist nur etwas für mutige Pferdebesitzer.

Niamey

Weiblich. Die Hauptstadt der Republik Niger hat einen zarten, sehr weiblichen Klang, der sich als Stutenname sehr gut macht.

Nike

Weiblich. Die griechische Göttin des Sieges verhalf gemeinsam mit ihren Geschwistern Zeus zum Sieg über die Titanen. Dafür wurde sie auf der Akropolis in Athen kultisch verehrt. Ihren Namen kann man also nur als gutes Omen für Pferde, die im Wettbewerb glänzen sollen, betrachten. Auch eine bekannte Sportmoden-Marke profitiert von ihrer Aura.

Nobleza

Weiblich. Das spanische Wort für Adel wird auch im Klang seiner Bedeutung gerecht und ist ein eleganter Name für Stuten, die wissen, wie schön sie sind.

Der Name Nobleza *passt besonders gut zu selbstbewußten Stuten.
(Foto: Slawik)*

Nofretete

Weiblich. Nofretete war die Gemahlin des Pharaos Echnaton. Ihr wohlklingender Name bedeutet „die Schöne ist gekommen".

Nostradamus

Männlich. Egal was man von den Prophezeiungen des berühmten Hellsehers hält, sein Name macht sich vor allem als Turniername an Pferden gut.

*Die Namen berühmter Persönlichkeiten finden sich oft an Boxentüren wieder. Entscheidet man sich für eine Berühmtheit mit Vor- und Nachnamen, ist es besser, nur einen davon zu wählen.
So wählt man Napoleon statt Napoleon Bonaparte, Amadeus oder Mozart statt Wolfgang Amadeus Mozart und Leonardo oder Da Vinci anstatt Leonardo Da Vinci.*

O

Oberon

Männlich. Der König der Elfen und Herrscher des Waldes aus Shakespeares „Ein Sommernachtstraum" trägt einen besonders schönen Namen, der jedes Pferd adelt. Oberon entspricht dem Alberich der germanischen Mythologie und stand auch Pate für einen Mond des Planeten Uranus.

Odin

Männlich. Der oberste Gott der nordischen Sagenwelt steht für Weisheit, aber auch Zerstörungswut.

Orkan, ein Name wie eine Naturgewalt. (Foto: Slawik)

Opal

Männlich. Der Name dieses schönen Edelsteins hat einen ruhigen, vollen Klang und passt sehr gut zu größeren Pferden.

Ophelia

Weiblich. Dieser wunderschöne Name ist vor allem aus William Shakespeares „Hamlet" bekannt. Der Name passt durch seinen sanften Klang besonders gut zu zarten Stuten.

Orissa

Weiblich. Der Name dieser indischen Region ist ein sehr hübscher Stutenname mit starkem Klang.

Orka

Weiblich. Dieser isländische Name bedeutet Kraft, Macht und hat mit dem phonetisch ähnlichen Orca, dem sogenannten Killerwal, nichts zu tun.

Orkan

Männlich. Als Orkan werden Winde mit Geschwindigkeiten von mindestens 117,7 Stundenkilometern bezeichnet und mit der Stärke zwölf klassifiziert. Orkan steht für unbändige Kraft und passt am besten zu großen, kräftigen Pferden.

Orpheus

Männlich. Wer an die griechische Sagengestalt Orpheus denkt, dem kommt zunächst die tragische Geschichte seiner Liebe in den Sinn. Berühmt ist er allerdings auch für seine herausragende Sangeskunst und sein bezauberndes Lyraspiel. Außerdem erzählt die Legende, dass der betrübte Musiker außerordentlich schön gewesen sein soll.

Osiris

Männlich. Osiris ist in der ägyptischen Mythologie der Gott der Fruchtbarkeit und der Wiedergeburt, aber auch der Richter über die Toten und der Herrscher der unterirdischen Welt Duat. Sein Name hat einen edlen Klang, der jedem Pferd göttlichen Glanz verleiht.

Othello

Männlich. Der Titelheld dieses bekannten Shakespeare-Stücks wird oft als Pate für Hengste und Wallache herangezogen. Der Name hat einen sehr edlen, fast schon königlichen Klang und passt besonders gut zu Rappen.

P

Paloma

Weiblich. Dieser Name kommt aus dem Spanischen. Er hat einen melodischen Klang und eine hübsche Bedeutung, nämlich Taube.

Pamina

Weiblich. Der Name der weiblichen Hauptfigur in Mozarts „Zauberflöte" klingt so lieblich, dass er nur für die schönsten Stuten Verwendung findet.

Pan

Männlich. Pan ist der griechische Hirtengott und ein echter Naturbursche. Sein Name hat trotz der Kürze einen wundervollen Klang, weshalb er oft für Pferde herangezogen wird.

Papillon

Weiblich/männlich. Das französische Wort für Schmetterling ist ein besonders entzückender Name für fröhliche Pferde.

Pearl

Weiblich. Die englische Perle kann man hin und wieder auch als menschlichen Vornamen finden, aber selten genug, um ihn getrost für eine hübsche Stute heranzuziehen.

Pegasus

Männlich. Das berühmte geflügelte Ross der griechischen Mythologie steht häufig Pate für seine ungeflügelten Kollegen und verlieh auch einem Sternbild seinen Namen.

Penny

Weiblich. Die Kurzform des Vornamens Penelope hat einen süßen Klang und wird sehr häufig für Pferde verwendet. Ab und zu begegnet man ihm auch als *Penny Lane*, womit er an den gleichnamigen Hit der Beatles erinnert.

Pepper

Weiblich/männlich. Das englische Wort für Pfeffer ist ein guter Name für besonders aufgeweckte, lebenslustige Pferde.

In der griechischen Antike waren Phila und Philos gut befreundet. (Foto: Rabeder/ Ortner)

Pepsi

Weiblich/männlich. Der spritzige Markenname klingt frech und jung.

Phila/Philos

Weiblich/männlich. Die griechische Bezeichnung für Freundin beziehungsweise Freund ist vom makedonischen Philippos abgeleitet, was „der Freund der Pferde" bedeutet. Auch unter diesem Aspekt eignet sich der schlichte und angenehm klingende Namen besonders gut für Pferde.

Phoenix

Männlich. Der wundersame Vogel Phoenix aus der ägyptischen und später auch griechischen Mythologie hat die bemerkenswerte Gabe, aus seiner eigenen Asche wieder aufzuerstehen und steht somit für Unsterblichkeit.

Pikachu

Männlich. Dem Namen des süßen und bekanntlich sehr treuen Pokémon begegnet man immer häufiger, auch an meist eher kleinen, drolligen Pferden.

Pinar

Weiblich. Das türkische Wort für Quelle klingt jugendlich und frisch.

Pluto

Männlich. Der römische Gott der Unterwelt entspricht dem griechischen Gott Hades. Auch wenn man bei dem Namen aufgrund des gleichnamigen Haustieres von Micky Maus vielleicht zuerst an einen Hund denken muss, passt er sehr gut zu Pferden.

Pocahontas

Weiblich. Pocahontas war die Tochter

eines Indianerhäuptlings, die nach ihrer Entführung auf ein Schiff in England als Prinzessin empfangen wurde. Ihr Name bedeutet „die Verspielte" oder auch „die, die alles durcheinander bringt".

Porthos

Männlich. Porthos, Athos und Aramis sind bekanntlich die drei Musketiere von Alexandre Dumas. Auch wenn sein Name nicht so häufig zum Einsatz kommt wie der seiner Kollegen, passt er doch sehr gut zu abenteuerlustigen Pferden.

Princess/Prince

Weiblich/männlich. Die englischen Worte für Prinz und Prinzessin haben für einige Ohren vielleicht einen etwas kitschigen Klang, erfreuen sich dennoch großer Beliebtheit und verleihen manchen Pferden ein richtig entzückendes Auftreten.

Puck

Männlich. Puck ist der Diener des Elfenkönigs Oberon in Shakespeares „Ein Sommernachtstraum" und ein frecher Naturgeist, dem allerhand Schabernack einfällt. Der Name passt gut zu schelmischen Pferden und wirkt besonders nett an kleinen Ponys.

Puella

Weiblich. Puella bedeutet Mädchen und kommt aus dem Lateinischen. Es handelt sich dabei um einen netten Namen für freundliche Pferdemädchen.

Pyros

Männlich. Dieser sehr maskulin klingende

Nur Pferde mit viel Ausstrahlung können einen starken Namen wie Pyros tragen. (Foto: Rabeder/ Ortner)

Name leitet sich von dem griechischen Wort für Feuer ab. Er ist ein sehr starker Name für feurige, kräftige Pferde.

Quasar

Männlich. Dieser Ausdruck aus der Astronomie bezeichnet einen bestimmten Typus von Galaxie. Der Name hat einen ruhigen, angenehmen Klang und lässt an Größe denken.

Quebec

Weiblich/männlich. Die kanadische Stadt Quebec eignet sich sehr gut als Pferdename, hat sie doch einen frechen, fröhlichen Klang.

Quest

Weiblich/männlich. Der englische Begriff bedeutet Suche, kann aber auch mit Abenteuer übersetzt werden, was zu einigen Pferden erstaunlich gut passt.

Quetzal

Männlich. Dieser schöne, bunte Vogel lebt in Mittelamerika. Sein Name hat einen eigenwilligen, exotischen Klang.

Quinta

Weiblich. Quinta kommt aus dem Lateinischen und bedeutet etwas schlicht die Fünfte. Der Name geht aber ins Ohr und leicht von der Zunge und hat darüber hinaus einen besonderen Anfangsbuchstaben.

R

Rabea

Weiblich. Das arabische Wort für Frühling ist ein schön klingender Name für sanfte Stuten.

Ragnarök

Männlich. Ragnarök wird gern mit Götterdämmerung übersetzt und bezeichnet den letzten Kampf der Götter und somit schließlich den Weltuntergang in der nordischen Mythologie. Der Name ist stark und Furcht einflößend, passt also kaum zu zartbesaiteten Pferden, sondern nur zu richtigen Kerlen.

Ramses

Männlich. Elf Pharaonen trugen diesen ohne Zweifel königlich klingenden Namen. Der bekannteste von ihnen war Ramses II., der dem alten Ägypten zu einzigartiger Blüte verhalf. Ein schöner, durchaus begehrter Name für Pferde.

Rapunzel

Weiblich. Der Name der berühmten Märchenfigur kann auch als Pferdename verwendet werden. Er passt natürlich besonders gut zu langmähnigen Pferdedamen.

Rasputin

Männlich. Der Name des russischen Wanderpredigers, dem gerne mystische Kräfte nachgesagt werden, wird immer wieder als Pferdename verwendet. Er hat einen starken Klang und verleiht seinem Träger die geheimnisvolle Aura seines ursprünglichen Trägers.

Ribisel

Weiblich. Das österreichische Wort für Johannisbeere klingt niedlich und ist ein süßer Stutenname.

Riddle

Weiblich/männlich. Riddle kommt aus dem Englischen und bedeutet Rätsel.

Rih

Männlich. Karl Mays Romanfigur Kara Ben Nemsi erhält diesen legendären Rappen, dessen Name Wind bedeutet, von einem Scheich als Geschenk. Rih ist ein kurzer Name, doch klingt er sehr verführerisch.

Ringo

Männlich. Die Kurzform des althochdeutschen Namens Ringolf wurde durch das Beatles-Mitglied Ringo Starr bekannt und wird nun sehr häufig für Pferde verwendet. Das Wort Ringo gibt es auch im Japanischen, wo es Apfel bedeutet.

Robin

Männlich. Dieser Name bedeutet Rotkehlchen und kommt aus England. Dort wird er auch gern als Frauenname benutzt, im deutschsprachigen Raum wird er hingegen wegen *Robin Hood* und Batmans jungem Gefährten meist dem männlichen Geschlecht zugeordnet.

Rocket

Weiblich/männlich. Das englische Wort für Rakete ist besonders als Name für Springpferde beliebt.

Stuten mit auffällig langer Mähne und fülligem Schopf kleidet der Name Rapunzel *ganz hervorragend. (Foto: Rabeder/Ortner)*

Englisch ist die am weitesten verbreitete Sprache der Welt, das spiegelt sich auch im Pferdesport wider. Englische Pferdenamen sind in allen Sparten anzutreffen und äußerst beliebt, besonders begehrt natürlich bei Westernreitern.

Rocky

Männlich. Dieser Name bedeutet felsig, was für ein Pferd eigentlich kein Kompliment zu sein scheint. Dass der Name sich trotzdem großer Beliebtheit erfreut, liegt vielleicht eher an der gleichnamigen Filmreihe über einen Boxer, mit Sylvester Stallone in der Hauptrolle.

Ronin

Männlich. Als Ronin wurden im alten Japan herrenlose Samurai bezeichnet. Der Name selbst bedeutet so viel wie Wellenmann.

Selbstbewusste, freche Ponystuten heißen am treffendsten Ronja. (Foto. Rabeder/ Ortner)

Ronja

Weiblich. Die freche russische Kurzform von Vornamen wie Veronika und Roxana ist vor allem durch Astrid Lindgrens Buch „Ronja Räubertochter" bekannt geworden. Sie wird besonders gern für Ponystuten verwendet.

S

Sakura

Weiblich. Die japanische Kirschblüte steckt voll Schönheit und Sanftmut und passt zu hübschen, lieblichen Stuten.

Sambesi

Weiblich/männlich. Der viertlängste Fluss Afrikas, der durch Sambia und Angola fließt und in Mosambik in den Indischen Ozean mündet, hat einen wunderbar melodischen Namen mit geheimnisvollem Beigeschmack.

Sambia

Weiblich. Der Name dieser Republik im südlichen Afrika leitet sich von Sambesi ab und schmeichelt mit seinem weichen, edlen Klang jeder Stute.

Samoa

Weiblich. Der südwestpazifische Inselstaat trägt einen so hübschen Namen, dass man ihn einfach als Pferdenamen adaptieren muss.

Samurai

Männlich. Die berühmten japanischen Krieger, die in etwa den europäischen Rittern entsprechen, stehen für Kraft und Geschick.

Saphir

Männlich. Der Name des beliebten Schmucksteines hat einen vornehmen, königlichen Klang.

Edelsteine werden sehr gern als Pferdenamen gewählt. Sie stehen für Schönheit und Adel. Edelmetalle wie Gold und Silber werden ebenfalls gern als Name oder Teil des Namens genutzt, oft auch in anderen Sprachen.

Schattenfell

Männlich. Das Pferd des Zauberers Gandalf aus J. R. R. Tolkiens „Der Herr der Ringe" trägt diesen für einen Schimmel etwas eigenwilligen Namen.

Scheherazade

Weiblich. Die wunderschöne Scheherazade (persisch, gesprochen: Schahrzad) ist es, die in Tausendundeiner Nacht ihrem Gemahl, dem König Scharyar, 1001 Märchen erzählt, um dem Tod jeweils einen weiteren Tag zu entkommen. Am Ende ist Scharyar von der Treue seiner klugen Frau überzeugt und lässt sie am Leben.

Schneewittchen

Weiblich. Der Name der berühmten Märchenfigur wird immer wieder gern für Stuten ausgesucht, egal ob ihr Fell weiß wie Schnee oder ihr Haar schwarz wie Ebenholz ist.

Semiramis

Weiblich. Der Name dieser großen persischen Königin ist vor allem durch das antike Weltwunder der hängenden Gärten, mit dem sie in Verbindung gebracht wird, bekannt. Es handelt sich um einen sehr schönen Namen, der sich trotz seiner Länge auch als Rufname eignet.

Shaki

Weiblich/männlich. Der Name dieser nigerianischen Stadt hat einen fröhlichen, frechen Klang.

Shamrock

Männlich. Irlands inoffizielles National-symbol, das dreiblättrige Kleeblatt, trägt diesen sehr irischen Namen, den man dementsprechend häufig bei Irish Tinkern finden kann.

Shir Khan

Männlich. Der Name des unberechenbaren Tigers aus „Das Dschungelbuch" von Rudyard Kipling hat einen vornehmen, gefährlichen Klang.

Sisco

Männlich. Das Pferd Sisco ist der heimliche Star des Films „Der mit dem Wolf tanzt". Sein Name klingt schneidig und frech.

Sir

Männlich. Der englische Ehrentitel eignet sich vor allem als Namensteil, denn er lässt sich gut kombinieren. So kann man sich einen Sir Mortimer basteln, einen Sir Rocket, oder alles, was einem sonst noch einfällt.

Skuld

Weiblich. Skuld bildet zusammen mit ihren Schwestern Urd und Verdandi das Trio der Schicksalsnornen aus der nordischen Mythologie. Bedeuten die Namen der zwei anderen Vergangenheit und Gegenwart, so steht ihr Name für die Zukunft.

Sleipnir

Männlich. Odins achtbeiniges Ross aus der nordischen Mythologie steht oft Pate für seine vierbeinigen Kollegen. Der Name selbst hat die schöne Bedeutung „der

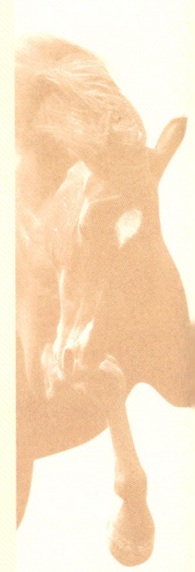

Gleitende", den das sagenhafte Pferd trug weil es zu Lande, zu Wasser und in der Luft gleichermaßen dahingleiten konnte.

Sliva

Weiblich. Dieser süße Name kommt aus dem Russischen. Er passt nicht nur aufgrund seines niedlichen Klangs besonders gut zu kleinen Stuten, sondern auch weil er Pflaume bedeutet, die ja bekanntlich nie sonderlich groß sind.

Snoopy

Männlich. Der Name des beliebten Comic-Hundes wird sehr häufig vor allem für kleine Pferde verwendet.

Souplesse

Weiblich. Dieses aus dem Französischen kommende Wort bedeutet Geschmeidigkeit und ist ein guter Name für Pferde die sich besonders elegant bewegen können.

Um elegante Bewegungen zu unterstreichen, bietet sich das französische Wort Souplesse *als Name an. (Foto. Rabeder/Ortner)*

Speedy

Weiblich/männlich. Speedy ist ein sehr beliebter, aus dem Englischen kommender Name, der das Attribut der Geschwindigkeit in sich trägt, da er schnell bedeutet.

Star

Weiblich. Das englische Wort für Stern ist ein kurzer, zarter Name für strahlende Stuten.

Styx

Weiblich/männlich. Dieser Fluss der griechischen Mythologie stellt die Grenze zwischen dem Totenreich und dem Reich der Lebenden dar. Gleichzeitig ist Styx auch der Name der Göttin jenes Flusses. Als Pferdename ist er reizvoll, es gibt nicht viele Namen mit einem Y und einem X.

Subaia

Weiblich. Dieser Name kommt aus dem Arabischen und bedeutet so viel wie kleiner Löwe.

Sugar

Weiblich. Das englische Wort für Zucker ist ein echter Kosename. Wer seinem Pferd also nicht oft genug sagen kann, wie süß er es findet, wird mit diesem Namen große Freude haben.

Surprise

Weiblich. Surprise kann entweder englisch (sörprais) oder etwas eleganter französisch (sürpris) ausgesprochen werden.
In beiden Fällen bedeutet dieser Name Überraschung.

T

Tabasco

Männlich. Die scharfe, dünnflüssige Chili-Soße steht für Feuer und Temperament und findet als Pferdename am besten an wilden, spritzigen Pferden Verwendung.

Tahire

Weiblich. Dieser Begriff stammt aus dem Türkischen und bedeutet frische Morgenluft.

Taifun

Männlich. Taifun ist die Bezeichnung für äußerst heftige Wirbelstürme im nördlichen Pazifik. Es handelt sich also um einen guten Namen für Pferde, die die Konkurrenz vom Platz blasen sollen.

Tanami

Weiblich/männlich. Als Pferdename klingt der Name dieser australischen Wüste jung und freundlich. Das Wort stammt aus der Sprache der Aborigines und bedeutet „die Wüste".

Tango

Männlich. Verführerisch wie dieser lateinamerikanische Tanz selbst ist auch sein Name. Er passt sehr gut zu forschen, männlichen Pferden, die es verstehen durch Bewegung zu beeindrucken.

Bei manchen Pferden drängt sich ein feuriger Name wie Tabasco auf. (Foto: Slawik)

Tänze aller Art sind als Namen für Pferde sehr beliebt. Sie lassen an tänzerische Bewegungen voll Rhythmus denken und stehen für Geschmeidigkeit und Geschick. Neben den in unserer Liste erwähnten Tänzen sind auch Rumba, Samba, Walzer und Foxtrott durchaus überlegenswerte Namen für elastische Vierbeiner.

Tartaros

Männlich. Der Tartaros ist in der griechischen Mythologie der finsterste Teil der Unterwelt, in dem Sünder ganz besondere Qualen ertragen müssen. So rollt dort

Sisyphos für alle Ewigkeit seinen Stein, und Tantalos leidet für alle Zeit Hunger und Durst. Ohne Zweifel ist Tartaros ein dunkler Name, der nur etwas für die Mutigsten unter den Pferdebesitzern ist.

Tequila

Weiblich/männlich. Dieser alkoholische Name hat Feuer und Esprit. Er passt zu schnellen, leichtfüßigen Pferden und wird häufig in seiner bekanntesten „Mix-Version" verwendet: *Tequila Sunrise* ist ein wunderschöner Name für rötlich golden schimmernde Pferde.

Thetis

Weiblich. Thetis ist eine Meeresnymphe aus der griechischen Mythologie. Der Sage nach ist sie die Mutter des großen Helden Achill. Ihr Name hat einen sehr vornehmen, dennoch lieblichen Klang.

Thor passt zu temperamentvollen, mutigen Pferdeherren, die zudem stark sein sollten. (Foto: Slawik)

Thor

Männlich. Der Donnergott der nordischen Sagenwelt steht vor allem für Stärke. Er gilt als tapferer Krieger, aber auch als aufbrausender Haudrauf. Legendär ist auch sein übermäßiger Appetit, den man ja auch immer wieder bei Pferden finden kann.

Tinker Bell

Weiblich. Die kleine, magische Fee aus „Peter Pan" trägt diesen süßen Namen, der gern für Ponystuten benutzt wird.

Titania

Weiblich. Der Name der Gattin des Königs der Elfen aus William Shakespears Stück „Ein Sommernachtstraum" hat einen hallenden Klang, der einer Königin würdig ist.

Tornado

Männlich. Ein Tornado ist ein gewaltiger Wirbelsturm (siehe auch Twister) und obendrein ein beliebter Pferdename, hat doch auch schon der berühmte amerikanische Volksheld Zorro der Sage nach sein Pferd so getauft. Der Name steht für Kraft, Geschwindigkeit und Wildheit.

Tsubaki

Weiblich. Dieser japanische Name bedeutet Kamelie.

Tsubasa

Männlich. Tsubasa bedeutet Flügel und kommt aus dem Japanischen. Es handelt sich um einen guten Namen für Springpferde, die über die Hindernisse regelrecht fliegen sollen.

Tsuki

Weiblich/männlich. Das japanische Wort für den Mond ist wirklich „zucki"-süß und passt deshalb zu besonders entzückenden Pferden.

Twister

Weiblich/männlich. Diese umgangssprachliche Bezeichnung für Tornados (siehe dort) wird vor allem in den USA verwendet. Der Name klingt frech und selbstverständlich stürmisch.

Umay

Weiblich. Umay ist Türkisch und bedeutet Paradiesvogel. Nicht nur die Bedeutung dieses Namens ist schön, er hat auch einen sanften Klang.

Unadur

Männlich. In Island bedeutet dieses Wort Wonne, Genuss.

Undri

Männlich. Dieser Pferdename aus Island bedeutet Wunder.

Uragan

Männlich. Das russische Wort für Sturm ist ein starker Name für starke Pferde.

Uranos

Männlich. Dieser Name lässt sofort an den ähnlich klingenden Planeten denken, bedeutet Himmel und kommt aus dem Griechischen.

Valor

Männlich. Dieses Wort kommt aus dem Spanischen und bedeutet Mut. Der ruhige edle Klang des Namens und die Bedeutung passen gut zu Pferden, die sich nicht so leicht aus der Ruhe bringen lassen.

Vaskur

Männlich. Vaskur ist ein isländischer Name, der tapfer, tüchtig bedeutet. Er passt nicht nur zu isländischen Pferden.

Velvet

Weiblich/männlich. Das englische Wort für Samt hat als Pferdename einen verführerischen Klang.

Venus

Weiblich. Die römische Göttin der Liebe ist der Inbegriff des Weiblichen schlechthin. Sie entspricht der griechischen Aphrodite und trägt einen wundervollen Namen, der für Schönheit und Anmut steht.

Verdandi

Weiblich. Verdandi bedeutet Gegenwart und ist der Name einer der drei Schicksalsnornen aus der nordischen Mythologie,

Venus gilt als die Göttin der Liebe, ihr Name betont die Schönheit und Eleganz eines Pferdes. (Foto: Slawik)

welche in einem Palast unter der Esche Yggdrasil wohnen.

Verano

Männlich. Das spanische Wort für Sommer klingt sehr elegant. Es handelt sich um einen guten Name für vornehme Pferdeherren.

Villimey

Weiblich. Dieser feurige, isländische Name bezeichnet ein wildes Mädchen, eine Draufgängerin.

Vivaldi

Männlich. Der Name des italienischen Komponisten und Violinisten aus dem 18. Jahrhundert klingt selbst schon wie Musik und eignet sich hervorragend als Name für elegante Vierbeiner, die sich durch Takt und Grazie auszeichnen.

Vulkan

Männlich. Der Gott des Feuers ist das römische Pendant zum griechischen Gott Hephaistos. Sein Name steht für unbändige Kraft.

W

Wendy

Weiblich. Der englische Vorname ist vor allem durch eine Figur aus „Peter Pan" beliebt geworden. Der Name klingt sehr fröhlich und mädchenhaft.

Whiskey

Männlich. Von allen alkoholischen Namen ist dieser wohl der b1eliebteste. Er ist kurz und spritzig und wird gern für Pferde jeder Größe verwendet.

Alkoholische Namen findet man sehr häufig an Pferden, egal ob es sich um Likör, Schnaps oder einen Cocktail handelt. Ob das nun auf die Trinkgewohnheiten des Reiters schließen lässt oder nur verwendet wird, weil diese Namen spritzig klingen und für Temperament stehen, soll hier nicht näher diskutiert werden. Weitere „alkoholische Tipps", die nicht in unserer Liste stehen, sind Cognac, Calvados, Piña Colada, Batida de Coco oder Baileys.

Whisper

Weiblich/männlich. Das englische Wort für Flüstern hat eine geheimnisvolle Aura und passt zu außergewöhnlichen Stuten wie auch zu Hengsten.

Willow

Weiblich/männlich. Der klangvolle Name bedeutet Weide (der Baum) und kommt aus dem Englischen.

Winner

Männlich. Hochtrabende Namen wie das englische Wort für Sieger werden von der Stallgemeinde meist nicht so gut aufgenommen und als hochnäsig empfunden. Wen das nicht stört, der hat mit Winner einen Namen mit flottem Klang, der zu Höhenflügen anregt.

Wirbelwind

Weiblich/männlich. Bei diesem Namen handelt es sich um einen sehr schönen Turniernamen, der zu frechen Pferden jeder Größe passt.

Wizard

Männlich. Wizard kommt aus dem Englischen und bedeutet Zauberer. Es steht somit für Klugheit, List und natürlich Magie. Allgemein bekannt wurde der *Wizard of Oz*, der in der Filmversion mit Judy Garland Weltruhm erlangte.

Wodka

Weiblich/männlich. Der Name dieser hochprozentigen Spirituose bedeutet wie Wässerchen. Es handelt sich um einen kurzen Namen für wahrhaft berauschende Pferde.

Wenn sich Whiskey *und* Wodka *in die Haare geraten, dann verläuft die Auseinandersetzung spritzig und temperamentvoll. (Foto: Slawik)*

Wotan

Männlich. Wotan ist eine andere Bezeichnung für den obersten nordischen Gott Odin. Es handelt sich um einen sehr schönen Name mit starkem Klang.

Xena

Weiblich. Die Kriegerprinzessin aus der gleichnamigen Fernsehserie hat einen starken, schneidigen Namen, der ihrem kämpferischen Charakter gerecht wird. Ein Name für wilde Stuten also.

Xerxes

Männlich. Der Name des persischen Groß-
königs und ägyptischen Pharaos aus der
Antike bedeutet so viel wie Herrscher über
Helden und hat einen einzigartigen Klang.

Xiphos

Männlich. Dieser schneidige, ungewöhn-
liche Name kommt aus dem Griechischen
und bedeutet Schwert.

Y

Yakshi/Yaksha

Weiblich/männlich. Diese hübschen
Namen kommen aus dem Hinduismus und
bezeichnen Naturgeister oder Götter
niedrigeren Ranges. Yaksha ist hierbei die
männliche Form, Yakshi das weibliche
Pendant.

Yalaz

Weiblich. Dieser aus dem Türkischen kommende Name bedeutet Flamme.

Yggdrasil

Weiblich/männlich. Yggdrasil, der Welten-
baum der nordischen Mythologie, ist eine
gewaltige Esche, die alle neun Reiche der
Sagenwelt überspannt. Es ist aber auch der
Name eines der Pferde Odins. Yggdrasil
bedeutet so viel wie „furchterregender
Berg".

Ymir

Männlich. In der nordischen Mythologie
ist Ymir das erste Wesen überhaupt. Er war
ein gewaltiger Riese und wurde von Odin
und seinen Brüdern getötet, die aus seinen
Überresten die Welt erschufen.

Yoda

Männlich. Der weise Jedi-Meister mit
der langsamen Zunge und dem schnellen
Schwert aus Star Wars steht aufgrund
seiner Größe meist nur für kleine Ponys
Pate.

Yume

Weiblich. Yume ist Japanisch und bedeutet
Traum. Als Name klingt das Wort sanft
und weiblich.

Yuri

Weiblich. Dieser japanische Vorname
bedeutet Lilie und passt auch Pferden ganz
wunderbar.

*Der Name Yoda
wird meist nur
für kleine Ponys
benutzt.
(Foto: Rabeder/
Ortner)*

Die japanische Sprache ist eine wahre Fundgrube für Namenssuchende. Viele Worte haben einen schönen Klang, der von lieblich bis sehr kräftig gehen kann. Außerdem ist das Japanische leicht auszusprechen, werden bis auf ein paar Ausnahmen die Laute doch wie im Deutschen gesprochen.

Zeus war der oberste Gott der griechischen Mythologie. Pferde seines Namens sollten eine ganz besondere Ausstrahlung haben! (Foto: Slawik)

Z

ten und zudem auch noch der menschlichen Sprache mächtig waren.

Zelda

Weiblich. Dieser Vorname ist eher im englischsprachigen Raum zu finden. Bekannt ist er auch durch Prinzessin Zelda, eine Figur aus der nach ihr benannten Videospielreihe.

Zeloma

Weiblich. Zeloma steht für das hohe Glück und kommt aus dem Griechischen.

Zelos

Männlich. Auch dieser schneidige Name kommt aus Griechenland und bedeutet Wetteifer.

Zephyros

Männlich. Zephyros ist der Westwind und als solcher Sagengestalt der griechischen Mythologie. Er ist der Vater von Achills unsterblichen Wunderpferden *Xanthos* und *Balios*, die schnell wie der Wind galoppier-

Zeus

Männlich. Aufgrund seiner viel dokumentierten Vorliebe für hübsche Frauen passt der Name des obersten Gottes auf dem griechischen Olymp besonders gut zu Hengsten und sehr machohaften Wallachen.

Zorkas

Weiblich/männlich. Der aus dem Griechischen kommende Name klingt eigentlich männlich, seine Bedeutung Gazelle trägt jedoch eher weibliche Züge.

Zorro

Männlich. Wer muss hier nicht sofort an den degenschwingenden Volkshelden denken? Der aus dem Spanischen kommende Name bedeutet Fuchs und steht somit für Klugheit und List, durch die Verwegenheit des berühmten Helden aber auch für Mut und Geschick.

Besondere Namen für besondere Pferde

Namen für märchenhafte Rappen, königliche Schimmel und kunterbunte Schecken

Namen, die sich nach Fellfarbe und Abzeichen richten, waren schon in der Antike beliebt, wie beispielsweise *Balios*, der Schecke, und *Xanthos*, der Blonde, beides legendäre Rosse der griechischen Mythologie, beweisen. Dies hat sich bis heute kaum geändert – die zunehmende Kenntnis auch exotischer Fremdsprachen erweitert hier das Spielfeld ungemein. In der folgenden Liste finden sich Namen für Schimmel, Rappen, Tigerschecken, Plattenschecken, Stichelhaarige, Grauschimmel, Mausgraue und einige Namen für Pferde mit besonderen Abzeichen.

Apache

Männlich. Namen von Indianerstämmen werden besonders gern für gescheckte Pferde verwendet, wiesen doch die Ponys der Indianer nicht selten bunte Fellfarben auf.

Aska

Weiblich. Dieser isländische Stutenname bedeutet Asche und passt daher gut zu Grauschimmeln und Mausfalben.

Baghira

Männlich. Der schwarze Panther aus

Kiplings „Das Dschungelbuch" trägt einen sehr edlen, wundervollen Namen, bestens geeignet für schöne Rappen.

Balios

Männlich. Balios bedeutet der Schecke und ist eines der unsterblichen Rosse Achills aus der griechischen Mythologie. Sein Vater war der Westwind, seine Mutter eine Harpyie, und er und sein Bruder *Xanthos* waren deshalb nicht nur unsterblich, sondern auch so schnell wie der Wind.

Beelzebub

Männlich. Schlimme schwarze Pferdebuben werden gerne mit diesem teuflischen Namen belegt.

Black Beauty

Weiblich/männlich. Aufgrund der gleichnamigen Fernsehserie rund um ein schwarzes Vollblut, dessen Name „schwarze Schönheit" bedeutet, fand man diesen Namen früher recht häufig. Heute ist er eher eine Seltenheit geworden.

Blacky

Weiblich/männlich. Der Name kommt von dem englischen Wort für schwarz. Deshalb findet man ihn an schwarzen Vierbeinern aller Art ausgesprochen häufig. Wer nach einem ausgefallenen Namen sucht, sollte um Blacky einen großen Bogen machen.

Bryna

Weiblich. Dieser Name kommt aus dem Norwegischen und bedeutet die Dunkle.

Indianische Namen, wie jener der Cheyenne, werden gern für gescheckte Pferde verwendet. (Foto: Rabeder/ Ortner)

Cheyenne

Weiblich. Auch der Indianerstamm der Cheyenne ist ein besonders guter Name für Schecken, kann aber natürlich auch für andersfarbige Pferde verwendet werden.

Chion

Männlich. Chion kommt aus dem Griechischen und bedeutet Schnee. Es handelt sich hierbei um einen sehr vornehmen Namen für Schimmelhengste und -wallache.

Drafnar

Männlich. Dieser isländische Pferdename wird traditionell für getupfte Pferde verwendet.

Drífa

Weiblich. Das isländische Wort für

Schneefall passt gut zu Schimmeln und Stichelhaarigen.

Fuyu

Weiblich/männlich. Das japanische Wort für Winter ist ein entzückender Name, der aufgrund seiner Bedeutung vor allem zu Schimmeln passt.

Geyfa

Weiblich. Dieser hübsche Stutenname aus Island bedeutet Schneefall.

Helada

Weiblich. Helada ist Spanisch und bedeutet Frost. Dieser sanft klingende Name passt also gut zu Schimmelstuten, Schecken und ganz besonders zu stichelhaarigen Pferden.

Kamen

Weiblich/männlich. Dieses japanische Wort bedeutet Maske und passt deshalb gut zu Pferden mit Laterne oder anderen an eine Maske erinnernden Zeichnungen.

Karneval

Männlich. Das bunte Treiben des Karnevals passt gut zu aufgeweckten Gesellen, am besten mit gescheckter Färbung, und ist ein besonderer Name für Pferde mit maskenähnlicher Zeichnung.

Kiri

Weiblich/männlich. Kiri ist das japanische Wort für Nebel. Es handelt sich um einen sehr süßen Namen für niedliche Schimmel.

Korax

Männlich. Das griechische Wort für Rabe ähnelt selbst dem Ruf der schwarzen Vögel: rau, aber unverkennbar.

Litur

Männlich. In der nordischen Mythologie trägt ein Zwerg diesen isländischen Namen, welcher vor allem für bunte Pferde, also Schecken, verwendet wird.

Mephisto

Männlich. Der vornehmste Name des Teufels ist passend für Rappen, die Noblesse in ihren Auftritt legen.

Minuit

Weiblich. Das französische Wort für Mitternacht ist ein guter Name für tiefschwarze Stuten.

Músa

Weiblich. Dieser Name aus Island wird traditionell für mausgraue Stuten verwendet.

Negro

Männlich. Bei dem spanischen Wort für schwarz handelt es sich um einen hübschen, kurzen Namen für Rappen oder Dunkelbraune.

Nephele

Weiblich. Der griechische Begriff bezeichnet den Nebel, aber auch die Wolke. Als Name hat er einen zarten, sehr eleganten Klang.

Njóla

Weiblich. Dieser Stutenname aus Island bedeutet Nacht.

Nox

Weiblich. Nox bedeutet Nacht und ist Latein. Es ist ein sehr kurzer Namen für Pferde mit dunkler Fellfarbe, der aber dennoch kraftvoll in der Aussprache ist.

Nube

Weiblich. Das spanische Wort für Wolke hat einen edlen Klang, der gut zu ruhigen Schimmelstuten passt.

Onyx

Weiblich/männlich. Der schwarz-weiß gestreifte Edelstein trägt einen so schönen Namen, dass es schade wäre, wenn er allein Zebras vorbehalten bliebe. Pferde mit Schwarz und Weiß in der Zeichnung sollten ebenfalls das Privileg besitzen, ihn tragen zu dürfen.

Pavo

Männlich. Pavo kommt aus dem Lateinischen und bedeutet Pfau. Der Name eignet sich also besonders gut für bunte Pferde aller Art.

Pünktchen

Männlich/weiblich. Der Name Pünktchen drängt sich – zumindest als Rufname – für Tigerschecken förmlich auf und ist dementsprechend häufig zu finden. Eine andere Form des Namens ist *Punkti*.

Puzzle

Weiblich/männlich. Wunderbar eignet sich dieser Name für Plattenschecken, deren Fellzeichnung tatsächlich an ein Puzzle erinnert.

Raven

Weiblich/männlich. Das englische Wort für Rabe eignet sich hervorragend für tiefschwarze Rappen.

Satan

Männlich. Es war einmal ein kleines schwarzes Pony, das stellte so viel schlimmen Unfug an, dass dies alles zu erzählen ganze Bücher ausfüllen würde. Wer auch eines von dieser Sorte – allerdings mit einem anderen Namen – besitzt, der sollte sich schnell überlegen, ob er es nicht doch umtaufen möchte.

Schneeflocke

Weiblich/männlich. Dieser sehr beliebte Name für Schimmel wird meist mit dem süßen Spitznamen *Flocki* abgekürzt.

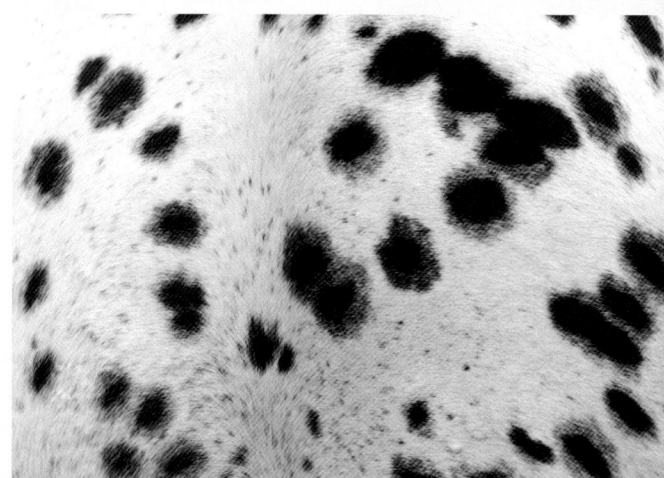

Tigerschecken werden gern mit Namen wie Pünktchen *oder* Spotty *bedacht. (Foto: Rabeder/ Ortner)*

Torbellino passt nicht nur gut zu Schimmeln sondern auch zu Pferden mit aufregender Zeichnung. (Foto: Rabeder/ Ortner)

Skia

Weiblich. Skia ist Griechisch für Schatten und hat einen flinken Klang, weshalb sich dieser Name für besonders schnelle Pferde eignet.

Spotty

Männlich. Im Englischen ist *spot* ein Punkt oder Fleck. Spotty ist deshalb ein beliebter Name für Tigerschecken.

Tigerlilly

Weiblich. Der Name des Indianermädchens aus dem Roman „Peter Pan" eignet sich aufgrund seines ersten Teils ganz wunderbar für kleine Tigerscheckstuten.

Torbellino

Männlich. Dieser turbulente Name kommt aus Spanien und bedeutet Schneegestöber. Das doppelte ll wird wie das deutsche j gesprochen.

Tuman

Männlich. Dieser ruhig klingende Name bedeutet Nebel und kommt aus dem Russischen.

Shadow

Weiblich/männlich. Das englische Wort für Schatten wird gern als Name gewählt. Er passt nicht nur zu Rappen, steht es doch auch für Geschwindigkeit.

Varona

Weiblich. Dieser schöne Name leitet sich vom russischen Wort für Rabe ab und hat einen sanften, weiblichen Klang.

Sioux

Weiblich/männlich. Sioux ist ein süßer Name mit hübschem Schriftbild und wird als Name eines Indianerstammes im Besonderen mit gescheckten Pferden assoziiert.

Yuki

Weiblich. Yuki ist ein lieblicher Name, der aus dem Japanischen kommt und Schnee bedeutet, weshalb er natürlich besonders gut für Schimmelstuten geeignet ist.

Namen für edle Braune, freche Füchse und goldene Prachtrosse

Aurora, Eos, Ársól, sie alle bedeuten Morgenröte und sind prächtige Namen für schöne Fuchsstuten. In der folgenden Liste finden sich Namen, die speziell für Braune, Füchse, Palominos und helle Falben gedacht sind.

Arany kommt aus dem Ungarischen und bedeutet Gold. (Foto: Slawik)

Agon
Männlich. Dieser edel anmutende Name leitet sich vom russischen Wort für Feuer ab und passt deshalb besonders gut zu Füchsen oder sehr temperamentvollen Pferden.

Aki
Weiblich/männlich. Aki ist das japanische Wort für Herbst und passt sehr gut zu fuchsfarbenen Pferden.

Amber
Weiblich. Das englische Wort für Bernstein wird im englischsprachigen Raum gern als Vorname benutzt, eignet sich aber auch wunderbar für bernsteinfarbene Stuten.

Arany
Weiblich/männlich. Das ungarische Wort für Gold passt gut zu Pferden gelber Fellfarbe oder zu Andersfarbigen, die in Wettbewerben auf der Jagd nach Gold sind.

Ársól
Weiblich. Der isländische Stutenname bezeichnet die Morgenröte.

Aurora
Weiblich. Die römische Göttin der Morgenröte trägt diesen wunderschönen Namen, der besonders gern für Fuchsstuten verwendet wird.

Bionda
Weiblich. Bionda kommt aus dem Italienischen und bedeutet die Blonde.

Cappuccino
Männlich. Der helle italienische Milchkaffee ist ein klangvoller Name für hellbraune Pferde.

Caramel
Weiblich/männlich. Für braune Pferde, die obendrein noch besonders süß sind, ist Caramel ein sehr passender Name.

Chocolate Chip

Weiblich/männlich. Dieser Name für schokoladenbraune Pferde klingt sehr keck. Als Rufname eignet sich für Stuten Schoko, für Hengste und Wallache Chip.

Curry

Weiblich/männlich. Zu einem Pferd mit curryfarbenem Fell passt dieser Name ausgezeichnet. Er ist kurz und hat einen kecken Klang.

Dawn

Weiblich. Die englische Morgendämmerung hat einen sanften, edlen Klang.

Dreyra

Weiblich. Dreyra ist ein isländischer Name für Rotfuchsstuten und hat einen kecken Klang.

Eos

Weiblich. Der Name der griechischen Göttin der Morgenröte ist kurz, aber dennoch besonders edel im Klang.

Fuego

Männlich. Das spanische Wort für Feuer passt gut zu Füchsen oder sehr temperamentvollen Pferden.

Ginger

Weiblich. Ginger bezeichnet im englischsprachigen Raum einerseits Ingwer, andererseits aber auch kupferrotes Haar. Aus diesem Grund wird der Name gerne für Fuchsstuten verwendet. Nebenbei klingt er auch noch sehr hübsch und elegant.

Helia/Helios

Weiblich/männlich. Der Name des griechischen Sonnengottes Helios passt besonders zu golden schimmernden Pferden. Helia ist die weibliche Variante des Namens und hat ebenfalls einen wundervollen Klang.

Jarpur

Männlich. Jarpur ist ein traditioneller isländischer Name für braune Pferde.

Renard

Männlich. Dieser französische Name bedeutet Fuchs und passt gut zu rotfelligen Pferden aller Art.

Rubin

Männlich. Der Name des roten Edelsteins passt sehr gut zu schönen Füchsen. Hat man vor, eine Stute zu taufen, kann man die englische Version *Ruby* wählen.

Ginger passt gut zu ausdrucksvollen Fuchsstuten. (Foto: Rabeder/Ortner)

Rufus

Männlich. Dieser Name kommt aus dem Lateinischen und bedeutet fuchsrot. Er ist klangvoll und stark und ideal für knallrote Füchse.

Safran

Weiblich/männlich. Dieses gelb färbende Gewürz wird aus den Stempeln einer Krokusart gewonnen und ist ein süßer Name für Pferde mit safranfarbenen Tönen im Fell.

Sarja

Weiblich. Das russische Wort für Abendrot eignet sich besonders gut für sanfte Fuchsstuten.

Scarlett

Weiblich. Dieser sehr schöne Name kommt von dem englischen Wort für scharlachrot. Seiner Bedeutung wegen findet man ihn oft an Fuchsstuten, er passt aber auch zu andersfarbigen Damen.

Xantha

Weiblich. Xantha kommt aus dem Griechischen und bedeutet die Blonde.

Xanthos

Männlich. Das sagenumwobene Pferd der griechischen Mythologie zog mit seinem Bruder Balios den Wagen des Helden Achill mit Windgeschwindigkeit. Die beiden konnten sogar sprechen und weinten um gefallene Krieger. Xanthos bedeutet der Blonde und lässt somit auf die Farbe des Heldenrosses schließen.

Namen für Pferdepaare

Zusammenpassende Namen für ein Pferdepärchen sind vor allem bei Gespannen beliebt, finden sich aber auch bei Reitpferden. Besonders Ponys werden gerne pärchenweise benannt, vor allem wenn sie auch im Aussehen gut harmonieren.

Asterix & Obelix

Männlich. Die beiden unbeugsamen Gallier halten zusammen wie Pech und Schwefel und stehen gern Pate für Pferdepärchen. Aufgrund der Nachsilbe -ix, die sehr niedlich klingt, passen die Namen besonders gut zu Ponys.

Ebony & Ivory

Weiblich. Ebony bezeichnet das Ebenholz, und Ivory steht für Elfenbein. Diese beiden aus dem Englischen kommenden Namen vereinen Schwarz und Weiß nicht nur auf

Asterix und Obelix oder Hugin und Munin: Bei manchen Pferdepärchen hat man die Qual der Wahl. (Foto: Rabeder/Ortner)

der Klaviatur, sondern passen auch perfekt zu einem Rappen-Schimmel-Pärchen.

Fire & Flame

Weiblich und männlich. Diese Namen kommen aus dem Englischen und bedeuten Feuer und Flamme. Sie stehen beide für Temperament und haben einen frechen Klang.

Gin & Tonic

Weiblich und männlich. Diese alkoholische Mischung klingt frech und spritzig.

Herkules & Iolaos

Männlich. In der griechischen Mythologie ist die Freundschaft des berühmten Helden Herkules und seines Neffen Iolaos legendär. Auch als Pferdepaar machen sie sich gut.

Hugin & Munin

Männlich. Die zwei Raben aus der nordischen Mythologie sind die Kundschafter des Gottes Odin und flüstern ihm auf seiner Schulter sitzend Neuigkeiten zu. Ihre Namen bedeuten Gedanke und Erinnerung.

Karo-Ass & Pik-Bube

Weiblich/männlich und männlich. Die Namen von Spielkarten sind allgemein sehr beliebt und passen auch als Paar sehr gut zusammen.

Lemon & Melon

Männlich und weiblich. Diese Früchtchen sind Anagramme, sprich beide Worte bestehen aus denselben Buchstaben, nur in unterschiedlicher Reihenfolge. Zitrone und Melone passen besonders gut zu Pferden mit gelblichem oder rötlichem Fell.

Luke & Leia

Männlich und weiblich. Diese beiden sind die letzte Hoffnung einer Galaxie, die sich in den Fängen eines herrschsüchtigen Imperators verheddert hat. Die Rede ist natürlich von den Helden aus der Filmreihe Star Wars. Luke und Leia sind Geschwister, doch muss dies bei vierbeinigen Namensvettern weder so sein noch bedarf es eines hochmütigen, bösen Vaters mit dunkler Maske.

Max & Moritz

Männlich. Der Klassiker schlechthin. Die Namen der Streiche spielenden Buben aus Wilhelm Buschs Gedicht sind wohl die beliebtesten Namen für Pferdepaare aller Größen.

Merlin & Mim

Männlich und weiblich. In dem Disneyfilm „Die Hexe und der Zauberer" treten Merlin und Mim gegeneinander an. Als Pferdepärchen verstehen sie sich hoffentlich besser.

Oberon & Titania

Männlich und weiblich. Der König der Elfen und seine Königin aus Shakespeares „Ein Sommernachtstraum" harmonieren – mit einer kleinen Ausnahme in genannter Sommernacht – sehr gut miteinander.

Robin & Marian

Männlich und weiblich. Robin Hood und Maid Marian sind ein legendäres Liebespaar und passen somit nur zu Pärchen, die sich auch wirklich gut verstehen.

Romeo & Juliet

Männlich und weiblich. Shakespeares bittersüßes Liebespaar findet kein gutes Ende, doch ihrer Liebe kann durch zwei sich gut verstehende Pferde gedacht werden. Absichtlich wurde hier der Originalname Juliet gewählt, da Julia ein bei uns zu häufiger Frauenname ist, um ihn für ein Pferd zu verwenden.

Salt & Pepper

Weiblich/männlich. Eine wahrlich würzige Mischung stellen Salz und Pfeffer dar. Diese englischen Namen passen besonders gut zu einem Schimmel und einem Braunen.

Schneeflocke & Schneestern

Weiblich und männlich. Namen wie diese, bei denen ein Teil völlig übereinstimmt, werden sehr häufig für Pärchen gewählt.

Summer & Spring

Weiblich. Sommer und Frühling bedeuten diese englischen Namen und vermitteln Lebenslust und Frohsinn.

Whiskey & Wodka

Männlich und weiblich/männlich. Namen, die mit demselben Buchstaben beginnen, eignen sich besonders gut für Paare. Dies gilt vor allem dann, wenn sie auch sinngemäß in einem Zusammenhang stehen, wie hier zwei alkoholische Getränke.

Die Pferde der Autorin (von links nach rechts): Conan, Indy, Merlin und Yumi. (Foto: Rabeder/ Ortner)

Nachwort

Als ich begann dieses Buch zu schreiben, unterzog ich mich einem kleinen Selbsttest und fragte mich, ob aus den Namen, die ich für meine Pferde gewählt habe, tatsächlich meine Wünsche und Vorlieben herauszulesen sind. Meinem ältesten Pferd *Merlin* gab ich seinen Namen, als ich neun Jahre alt war. Der Zauberer Merlin aus dem Zeichentrickfilm „Die Hexe und der Zauberer" hat mir damals als Pate gefallen, weil er klug und gewitzt ist. Mein zweites Pferd *Indy* habe ich nicht vorrangig wegen ihrer indianisch anmutenden Zeichnung so getauft, sondern dachte dabei mehr an den Abenteurer Indiana Jones aus der Feder von George Lucas. Mein drittes Pferd kannte ich viele Jahre unter einem anderen Namen, wollte ihm aber schließlich einen persönlicheren schenken. Ich entschied mich für den starken Fantasy-Helden *Conan*, den ich übrigens nicht ame-

rikanisch ausspreche sondern näher am keltischen Original, „Konnen". Pferd Nummer vier erhielt von mir den Rufnamen *Yumi*, der aus dem Japanischen kommt und wahre Schönheit bedeutet.

In meinem Stall stehen also Klugheit, Abenteuerlust und Neugierde, Kraft und schließlich Schönheit. Wenn ich diese Attribute betrachte, finde ich all jene Eigenschaften wieder, die ich an Pferden im Allgemeinen und an meinen Pferden im Besonderen so sehr schätze. Bei dieser Gelegenheit musste ich allerdings erkennen, dass ich noch ein fünftes Pferd benötige, das einen Namen trägt, der für Wildheit steht, die ich besonders liebe. Und was geben die Namen meiner Pferde noch über mich preis? Dass ich ein Fan fantastischer Abenteuergeschichten bin und einen Hang sowohl zum keltischen als auch zum japanischen Kulturkreis besitze. Tja, was soll ich da noch sagen: Die Namen meiner Pferde haben mich verraten.